글로 쓰면 이루어지는
나만의 드림리스트

와일드북

와일드북은 한국평생교육원의 출판 브랜드입니다.

글로 쓰면 이루어지는 나만의 드림리스트

초판 1쇄 인쇄 · 2019년 5월 15일
초판 1쇄 발행 · 2019년 5월 20일

기 획 · 조경애
지은이 · 조경애, 이순희, 최원영, 백석도, 서지영, 정재원, 김나현, 이국섭, 박희준
발행인 · 유광선
발행처 · 한국평생교육원
편 집 · 장운갑
디자인 · 이종헌

주 소 · (대전) 대전광역시 유성구 도안대로589번길 13 2층
          (서울) 서울시 서초구 반포대로 14길 30(센츄리 1차오피스텔 1107호)
전 화 · (대전) 042-533-9333 / (서울) 02-597-2228
팩 스 · (대전) 0505-403-3331 / (서울) 02-597-2229

등록번호 · 제2015-30호
이메일 · klec2228@gmail.com

ISBN 979-11-88393-15-2 (13190)
책값은 책표지 뒤에 있습니다.
잘못되거나 파본된 책은 구입하신 서점에서 교환해 드립니다.

이 도서의 국립중앙도서관 출판예정도서목록(CIP)은 서지정보유통지원시스템 홈페이지(http://seoji.nl.go.kr)와 국가자료공동목록시스템(http://www.nl.go.kr/kolisnet)에서 이용하실 수 있습니다.(CIP제어번호 : CIP2019016999)

글로 쓰면
이루어지는

나만의
드림리스트

조경애 · 이순희 · 최원영 · 백석도
서지영 · 정재원 · 김나현 · 이국섭
박희준 | 공저

 와일드북
WILD

종이 위에 적는 순간
꿈의 버퍼링이 시작된다

누구나 꿈을 가지고 있다.

초등학교 때 장래 희망을 적어낸 기억이 있을 것이다. 크고 작은 자신만의 미래의 꿈을 써냈을 것이다. 그리고 그 꿈을 이룬 사람도 있을 것이고, 지금 이루어 가고 있는 사람도 있을 것이다. 어쩌면 그 꿈을 잊고 사는 사람도 있을 것이다.

현실에 묻혀 살다 보면 꿈은 저 멀리 남의 이야기가 되어 버리기 쉽다. 그러나 원하는 미래를 꿈꾸지 않는 사람은 없다. 누구나 더 나은 미래를 꿈꾸며 현재를 살아간다.

'글로 쓰면 이루어진다.'는 말이 있다. 막연히 바라고 원하는 것을 글로 쓰면 구체적인 꿈이 되고 목표가 된다. 종이 위에 쓴 꿈들이 자신을 그 꿈으로 안내해주는 나침반이 되어 주는 것이다.

미래는 자신이 창조하는 것이다. 막연히 기다린다고 해서 원하는 미래는 결코 오지 않는다.

미래를 창조하는 첫걸음은 원하는 미래를 바로 글로 쓰는 것이다.

꿈의 목록을 적어 드림리스트를 만드는 것이다.

나만의 꿈, 나만의 드림리스트를 만들어서 미래를 창조해야 한다.

이 책의 저자들은 자신만의 소중한 꿈을 간직한 사람들이다. 자신만의 미래를 창조할 드림리스트를 이 책 속에 담았다. 또한 가슴속에 품어왔던 소중한 꿈의 스토리를 하나씩 펼쳐 놓았다.

그저 가만히 앉아 미래가 다가오기를 기다리지 않고 꿈이 현실로 이루어지도록 적극적으로 자신의 미래를 창조하는 사람들이다.

종이 위에 쓰면 이루어지는 기적을 믿고 많은 꿈 중 다섯 가지를 선별하여 독자들과 공유하려 한다. 소소한 꿈, 원대한 꿈 그리고 가족을 위해, 사회를 위해, 더 나아가 인류를 향한 꿈들로 가슴 설레며 드림리스트를 채워 나갔다.

이 책의 저자들도 자신의 드림리스트를 종이 위에 적는 순간 꿈의 버퍼링이 시작되었고, 간절히 원하면 원할수록 버퍼링의 속도는 더욱 빨라질 것이다.

따라서 이 책을 읽는 독자들도 간절한 마음으로 가슴속에 소중히 간직해온 꿈을 펼쳐서 드림리스트를 만들어 보는 계기가 되었으면 한다. 그리하여 꿈의 목록들이 세상 밖으로 나오게 하여 꿈이 현실로 되는 기적을 일으키기를 바란다.

최원영

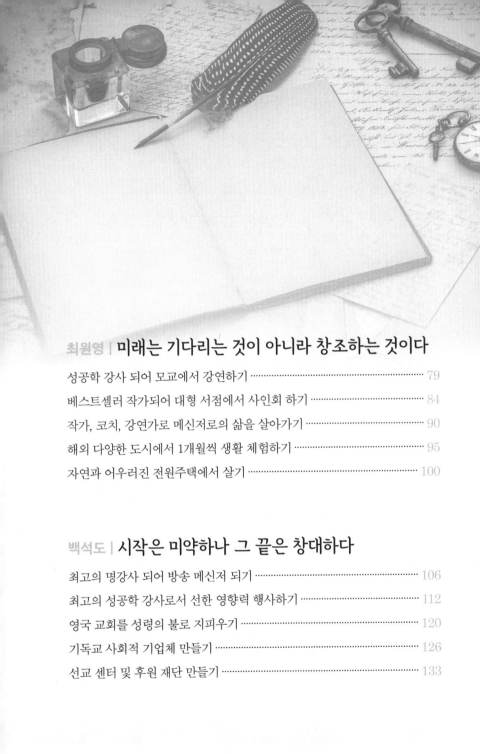

세상이란 캠퍼스 위에
또 다른 꿈을 그리다

조경애

책 쓰기 코치, 동기부여가, 성공학 강사

성공학 강사이자 책 쓰기 코치로 활동 중이다. 죽을 만큼 괴로웠던 시련과 고통의 시간들이었지만 자신을 돌아보는 계기로 삼으면서 인생의 터닝 포인트를 찾기 위해 노력했다.

인생의 재정립을 위해 3년 동안 생존독서와 생존 글쓰기를 하면서 자연히 꿈을 찾게 되고 자신에게 주어진 소명도 찾을 수 있었다. 또한 자신이 경험한 것과 배움을 통해 얻은 지식을 나누기 위해 메신저로서의 삶을 살아가고 있다.

현재 〈브랜딩 책쓰기 코칭협회〉, 〈조경애 책쓰기연구소〉, 〈조경애 미래경영연구소〉를 운영하고 있으며, 저서로는 《내 삶을 바꾸는 책쓰기》, 《진짜 인생 공부》, 《관점을 바꾸면 인생이 달라진다》 등이 있다.

전자우편: jho0977@naver.com
블로그: http://blog.naver.com/jho0977
카페: https://cafe.naver.com/chokyungae

나는 어려서부터 골목대장처럼 아이들을 데리고 골목을 누비고
다니는 것을 좋아했다. 그들과 함께 딱지치기, 구슬치기, 뛰어내리
기 등을 하며 남녀를 구별하지 않고 신나게 놀았다. 키도 조그맣고
말라깽이였지만 항상 선두에 서서 행동했고 솔선수범했기에 아이
들이 많이 따랐다.

그런데 학교에 들어가고 환경이 변하게 되면서 소심해지기 시작
했다. 남자아이들보다도 여자아이들과 어울렸고, 구슬치기보다는
고무줄놀이가 좋아졌고, 남자아이들이 고무줄을 끊어 가면 성격 같
아서는 쫓아가서 들이받고 싶었지만 참게 되었다. 그리고 여중, 여
고, 여대를 다니면서 점점 더 내성적으로 변하는 나를 발견하게 되
었다.

대학교 2학년이었을 때 누군가가 나를 과대표로 선출했다. 과대

표로 선출하면 그 과를 대표해서 열정적으로 자기를 홍보해야 한다. 하지만 나는 많이 부족하니 다른 좋은 사람들을 선출해달라고 말했다. 나는 그렇게 하는 것이 미덕인 줄 알았다. 그러나 선출된 다른 후보들은 모두 자신을 뽑아달라고 열변을 토하는 것이었다.

그러니 누가 나를 뽑아줄 것인가? 입장을 바꾸어 내가 유권자라 해도 뽑지 않았을 것이다. 그제야 비로소 성격을 고쳐야겠다고 결심했다.

그때까지만 해도 아는 친구들과는 친하게 지냈지만 낯선 친구들과는 거의 말도 하지 않았다. 따라서 그들이 먼저 말을 하면 이야기를 했고 내가 먼저 말을 붙이는 경우는 없었던 것이다.

그 결심을 하고 난 후, 모든 일에 적극적으로 나서게 되었다. 하지만 오랜 세월 동안 소극적으로 살았으니 쉽지 않은 일이었다. 그리하여 연기자도 물 건너갔고, 손해사정인 시험에도 실패했다.

대학교수를 하고자 서울에서 대학원 공부도 했지만 지도교수의 반대에 부딪혀 포기하고 말았다.

그렇게 갈 곳을 몰라 헤매던 나에게 결혼이라는 달콤한 유혹이 찾아왔고, 가시에 찔리는 줄도 모르게 덜컥 그곳으로 숨어들었더니 더 큰 아픔이 되어 나에게 상처를 남겼다.

파도처럼 밀려오는 아픔을 견디기 위해 학원을 차렸지만 그 또한 지인의 사기로 인해 나를 땅속으로 처박아 넣었다. 그리고 인간다운 생활을 하지 못한 채 거의 5년이란 세월 동안 죄인 아닌 죄인으로서 살아야만 했다.

지난 5년 동안 수배자로 살면서 흘렸던 눈물과 아픔들을 되새기며 왜 이런 고통을 당해야만 했는지 되돌아보았다. 결론은 어리석음 때문이었다. 내가 무지했기 때문에 지인은 나의 무지를 파고들어 공략했던 것이다.

만약 내가 지적인 겸비를 쌓고 매사에 능통했더라면 그런 어리석은 짓은 하지 않았을 것이다.

따라서 우리는 죽는 날까지 배워야 한다.

우리 속담 중에 '모르는 것이 약이다.'라는 말이 있다. 나는 이 말을 수긍하기 어렵다. 물론 선의의 거짓말이 있다는 것은 알고 있다. 예를 들면 죽음을 앞에 둔 사람이 알게 되면 충격을 받아 더 악화될 수 있다고 생각해 말하지 않는 경우도 있다.

하지만 이 생각은 누가 정한 것인가? 자신의 죽음을 모르고 지나간다는 것은 있을 수 없다. 자신이 알아야 그 죽음에 대한 준비도 할 수 있다. '아는 것이 힘이다.'라는 말도 있지 않은가. 무엇이든 모르는 것보다는 아는 것이 인생을 사는 데 도움이 된다. 때로는 알기 때문에 어려움을 겪을 때도 있지만 그래도 알기 때문에 그 어려움에 대처도 할 수 있는 것이다.

요즘은 많은 사람들이 멘토로부터 자신의 인생에 대한 멘토링을 받기도 한다. 그러나 당시에는 나에게 멘토가 없었다. 멘토가 있었다면 그런 어리석은 선택을 하지 않았을 것이고 지옥의 생활도 겪지 않았을 것이다. 과거를 통해 나의 무지를 깨닫고 두 번 다시 어리석은 선택을 하지 않기 위해 책을 멘토로 삼기 시작했다.

직장을 다니면서도 시간만 나면 서점에 들렀고, 퇴근해서는 서점이 끝날 때까지 책을 읽었다. 그러면서 조금씩 생각이 바뀌어간다는 것을 느꼈다. 직장의 내 모습이 너무 한심스러워 보였다. 매일같이 되풀이되는 단순노동에 회의를 느끼면서 무기력해지기 시작했다. 때마침 불어 닥치는 칼바람에 사표를 던지고 나왔다.

회사를 그만둔 뒤, 서점에서 책을 읽었지만 거의 매일 서점에서 책을 읽는다는 것은 무리가 있었다. 도서관으로 방향전환하면서 3년 동안 생존독서와 글쓰기를 통해 스스로를 연마해나갔다. 책을 읽으면서 책속에서 스스로 꿈을 발견하고 그 꿈을 실현하기 위해 책 쓰기에 도전했다.

'노력은 절대 배신하지 않는다.'라는 말이 있듯이 역시 노력은 나를 배신하지 않았다. 책을 쓰기 시작한 지 7개월 만에 〈관점을 바꾸면 인생이 달라진다〉가 출간되었고, 이 책의 출간을 기점으로 책 쓰기 코칭협회의 스태프로 활동할 수 있었다. 또 후속타로 〈진짜인생 공부〉가 출간되면서 코치로서 컨설팅과 개인코칭을 하기도 했다. 이렇게 사람들에게 코칭을 하다 보니 전문적인 책 쓰기 코치가 되고 싶었고 궁극적으로는 1인 기업가의 꿈을 키울 수 있었다.

나는 자신 있게 말한다.

"이 세상에 노력하면 안 되는 것이 없다."

코칭협회를 그만두고 〈내 삶을 바꾸는 책 쓰기〉를 완성시키면서 이제 본격적인 책 쓰기 코치로 활동하기 시작했다. 비록 시작은 미약하지만 네이버 카페에 〈브랜딩 책 쓰기 코칭협회〉를 만들었다.

처음에는 몇 명 되지 않았지만 지금은 8기까지 이어져 오고 있고 9기 책 쓰기 과정도 벌써 7명이나 예약되어 있다.

그리고 이제 그분들 중 이순희 저자의 《오직 나만의 꿈의 명작을 그리자》가 처음으로 출간되었다.

그녀는 71세의 연세로 현재 목사로서 또 간호사로 일하고 있다. 그 외에도 커플 매니저, 심리 상담가, 성공학 강사로 활동하고 있었지만 단지 저서가 없었다.

그리하여 저서를 통해 자신을 업그레이드시키기 위해 책 쓰기 1일 특강에 참석하게 되었고 특강을 들은 후, 자신도 책을 쓸 수 있다는 확신을 가지게 되어 바로 책 쓰기 과정을 등록했다. 그런 후 잠자는 시간도 아껴가며 불철주야 노력한 결과 어엿한 자신의 저서를 출간하게 된 것이다.

이제 이순희 저자를 필두로 하여 후속타가 계속 나올 예정이다. 현재 탈고 중에 있는 사람들, 초고를 완성단계에 둔 사람들도 많이 있다.

그들은 회사원, 학생, 교사, 강사, 공무원, 교수, 사업가 등 직업도 다양하다. 그들의 책이 출간되면 작가의 반열에 오를 것이고 저서를 읽은 독자로부터 강연요청이나 방송출연 등도 올 수 있다. 그러면 강사로서 활발한 활동을 할 수 있다.

뿐만 아니라 나처럼 사람들에게 선한 영향력을 미치는 메신저로 올라설 수도 있다.

내가 메신저가 되고 싶을 때 어려움을 많이 겪었기에 나와 함께 하는 분들이 메신저를 하고 싶다면 적극적으로 도와주고 싶다. 즉 책을 출간하는 작가들에게 선한 영향력을 끼칠 수 있는 메신저를 양성하는 기업을 만들 것이다.

많은 사람들이 책을 써서 작가가 되면 끝이라고 생각하지만 결코 그렇지 않다. 작가는 끝이 아니라 시작이다. 작가로 시작해서 그 다음 강연가, 코치, 컨설턴트, 1인 기업가로 나아가야 한다. 한마디로 말하면 우리의 최종목표는 작가가 아니라 1인 기업가이다. 결국 작가는 1인 기업가로 가는 시발점에 불과한 것이다.

따라서 나는 사람들이 책을 써서 모두가 1인 기업가로 설 수 있는 메신저 기업을 양성할 것이다. 메신저로 양성된 그들은 많은 사람들에게 꿈을 찾아주고 동기부여를 심어 줄 것이다. 그들이 사람들에게 삶의 의욕을 주고 선한 영향력을 미칠 수 있다면 이 지구별에 온 목적을 달성하는 것이다. 오늘도 나는 그 목적을 달성하기 위해 최선의 노력을 다하고 있다.

대한민국을 대표하는 책 쓰기 코치로서
방송프로그램 진행하기

　요즘은 책 쓰기 붐이 일어나서 너도나도 책을 쓰고자 책 쓰기 특강이나 수업을 듣기 위해 많이 몰리고 있다. 물론 나 역시 네이버 카페에서 〈브랜딩 책 쓰기 코칭협회〉를 운영하고 있고, 카페를 통하거나 블로그, 페이스 북 등을 통해서 책 쓰기 특강으로 참석하는 사람들이 많다.

　하지만 이런 경로보다 《내 삶을 바꾸는 책 쓰기》를 통해 특강에 참석하는 사람들이 더 반갑다. 왜냐하면 이들은 책을 통해 이미 동기부여를 받고 오기 때문에 거의 대부분은 책 쓰기 수업을 등록하는 경우가 많기 때문이다.

　시중에 나온 대부분의 책 쓰기 책은 이론적이거나 자신의 경험을 쓰더라도 많이 수록하지는 않는다. 하지만 《내 삶을 바꾸는 책 쓰기》는 내가 넘어지고 엎어지면서 체득한 실전적인 경험들을 최대한 많이 수록한 책 쓰기 비법서이다.

그래서인지 이 책을 읽고 미국 애틀랜타에 거주하고 있는 K라는 분에게서 연락이 왔다.

그분은 미국에서 부동산을 하는 사업가로 가끔씩 한국에 자신의 사업 점검차 오기도 한다. 그와의 만남은 내 저서인 《내 삶을 바꾸는 책 쓰기》로부터 시작되었다.

그분은 사업을 끝내고 미국으로 돌아가기 전에는 항상 서점에서 책을 많이 구매하곤 했다. 이번 역시 구매하는 책 속에서 다행히 《내 삶을 바꾸는 책 쓰기》도 포함되어 있었다. 다른 책들은 모두 묶어 짐칸으로 보냈지만 이 책은 가볍게 기내에서 읽기 위해 손에 들고 비행기에 탑승했다.

그런데 책을 읽기 시작하면서 처음의 예상과 어긋나기 시작했다. 책을 읽을수록 책속으로 깊이 빠져들기 시작했고 자신도 모르는 사이 동기부여가 되었던 것이다. 그리하여 미국으로 돌아가서 책에서 말한 그대로 초고까지 완성했다.

그리고 나를 만나기 위해 메일과 페이스북을 통해 계속 나에게 접근했지만 나는 그 당시 외국 사람들의 이상한 메일과 페이스북의 접근이 잦았기에 외국 이름으로 된 그의 글을 읽지 않았다.

그러던 어느 날 그에게서 전화가 왔다. 자신은 K이고 한국 사람이라고 했다. 〈내 삶을 바꾸는 책 쓰기〉를 읽고 계속 연락을 취했으나 묵묵부답이었다고 말했다. 그러자 오기가 생겨 나에 대해서 조사한 끝에 전화번호를 알 수 있었다는 것이다.

나는 책 쓰기 특강에 오라고 했고 그는 정말 참석했다. 그리고 책 쓰기 특강을 듣고 난 후, 계속 책 쓰기 수업을 듣고 싶었지만 미국으로 돌아가야 했다. 그리하여 컨설팅을 통해 개인코칭을 하면서 나머지는 카페를 통해 과제물을 올리고 피드백을 해주었던 것이다.

마침내 그분은 카페를 통해 목차를 완성했고 이를 토대로 다시 초고를 완성했다. 이제 탈고를 거쳐 책으로 출간되는 그날만 기다리고 있다.

이렇게 자신의 저서는 내가 밥을 먹거나 잠을 자거나 놀아도 나를 대신해 1분 1초도 쉬지 않고 일을 한다. 바다 건너 지구의 반대편에 있는 사람에게도 내 소식을 알려주면서 일을 하는 것이다. 즉 책은 나의 존재를 세상에 알리고 전문가로 인정받을 수 있는 유일한 길이다.

저서를 통해 독자들이 나를 찾고 강연요청을 하니 나의 분신 같은 존재인 것이다. 따라서 많은 사람들이 책을 쓰기 위해 코칭협회를 찾아오는 것이다.

지금은 바야흐로 1인 1책 쓰기 운동까지 하고 있는 현실이다. 만약 1인 1책 쓰기 운동이 성공한다면 그야말로 한국은 모든 면에서 전 세계적으로 1위를 자랑할 수 있는 위대한 국가가 될 것이다. 한국의 인구가 5천만 명이 넘으니 그 10분의 1만 하더라도 위대한 국민이 될 것이다. 하지만 그렇게 되기 위해 우리는 모두 노력해야 한다.

그리고 현재의 책 쓰기 협회에서는 책을 쓰기 위해 노력하는 그 많은 사람들을 모두 소화시킬 수 없을 것이다. 따라서 많은 책 쓰기 코치가 양성이 되어야 할 것이다. 그러기 위해서 나는 TV 방송에서 책 쓰기 프로그램을 고정적으로 맡아서 진행하는 꿈을 꾸고 있다.

방송은 짧은 시간 동안에 동시다발적으로 많은 사람들에게 전달할 수 있다. 또 돈이 없어 강의를 들을 수 없는 사람들에게는 희망을 전달하는 등대 같은 존재가 될 수 있는 것이다. 나 역시 많은 사람들이 방송을 통해 책을 쓸 수 있다면 그것만으로도 사회에 봉사했다는 자부심으로 살아갈 것이다.

사실 책 쓰기와 글쓰기는 다르다. 따라서 수강료도 책 쓰기는 글쓰기와 달리 고가이다. 아무리 저렴해도 수십만 원이 넘는다. 비싼 곳은 일천만 원이 넘는다. 너무 저렴하면 피드백을 제대로 받는 것도 힘들고 가르치는 책 쓰기 코치도 전문가인지 의심스러울 수 있다.

그래서 '싼 게 비지떡'이라는 속담도 있지만 너무 비싸도 문제는 있다. 정작 배우고 싶은데 돈이 없는 사람은 빚을 내서라도 과정을 등록하고 싶어 한다. 일천만 원이 넘는 금액을 충당하려니 엄마 카드, 아빠 카드, 삼촌 카드, 누나 카드, 본인 카드 등 카드를 5개나 가지고 와서 긋는 사람들도 심심찮게 본다.

그렇게 등록해서 책이 출간된다면 그나마 다행이지만 책이 출간되지 못하는 사람들이 더 많다.

또 책이 출간된다고 해서 바로 인생이 바뀌는 것도 아니다. 과거에는 책을 출간하는 사람들이 상대적으로 적었기에 한 권의 책을 쓰더라도 쉽게 성공할 수 있었다. 그러나 지금은 많은 사람들이 몰리면서 누구나 책을 쓸 수 있는 시대가 되었다.

그리하여 몇 권의 책을 출간해도 바뀌지 않는 경우가 오히려 더 많다. 따라서 예비 저자들이 잘 알아보고 선택해야 하는 것이다. 앞으로 책 쓰기도 갈수록 경쟁력이 심화되어 점점 더 치열해질 것이다. 그리고 성공으로 가는 길은 더욱 더 요원하게 될 것이다.

　그런 사람들을 위해 TV에서 책 쓰기 고정프로그램을 만들어 전파하고 싶다.

　정작 내 꿈은 배우가 되어 무대에 서는 것이지만 책 쓰기를 통해 무대에 서는 것도 의미가 있을 것이다. 연기자가 되어 시청자들에게 웃음과 감동을 통해 시청자들을 행복하게 하지만 책 쓰기 방송을 통해 그들에게 꿈을 이루게 해준다면 그보다 더 큰 감동도 없을 것이다.

　따라서 지금부터 내가 진행하는 책 쓰기 고정방송을 통해 사람들이 책을 쓰는 모습을 상상할 것이다. 드림리스트와 드림보드도 다시 업그레이드시켜 자기 전이나 자고난 후 매일 상상하고 말하고 행동할 것이다.

　'간절히 원하면 이루어진다.'는 피그말리온의 법칙도 있지 않은가.

　그리스 신화에 등장하는 피그말리온이라는 키프로스의 왕이 있었다. 그는 여성들의 결점을 너무 많이 알기에 평생 독신으로 살았다. 그러나 외로움과 여성에 대한 그리움에 자신의 이상에 맞는 완벽한 여인상을 조각했다. 그리고 이 조각상과 같은 여인을 아내로 맞이하기 위해 아프로디테 신전에서 날마다 간절하게 기도했다.

그의 기도에 감동한 아프로디테 여신은 그 조각상을 사람으로 환생시켜주었다는 기적 같은 이야기가 있다. 이를 피그말리온의 효과라고 한다. 즉 내가 간절히 원하면 이루어진다는 뜻이다.

이와 같이 꿈에 미치면 어떠한 것도 가능하게 만들어 주는 기적 같은 놀라운 일이 일어난다. 많은 사람들이 꿈을 꾸지만 제대로 된 꿈을 꾸지 않는다. 이왕 꾸는 꿈이라면 불분명한 꿈이 아니라 명확하게 제대로 꾸어야 한다. 그리고 절실하게 꿈에 미쳐야 이루어질 수 있다.

여러분도 꿈에 한번 미쳐보지 않겠는가? 꿈에 미치지 않는다면 꿈을 이루기가 어렵다. 어차피 꾸는 꿈이라면 제대로 미쳐서 도전해야 한다. 이 미친 도전이야말로 바로 여러분에게 꿈을 이루어줄 것이다.

연기자로 TV나 영화에 출연하기

"언니야, 어때 이만하면 날씬하니 미스코리아 나가도 되지 않아?"
"넌 아직 어려서 안 돼, 키도 더 크고 늘씬해야 되거든."

초등학교 때의 일이다. 엉덩이를 비뚤거리고 워킹을 하면서 행복한 미소를 짓고 말하는 나에게 큰언니는 말했다.

나는 어려서부터 남들에게 보이기를 좋아했고 무대에 나가는 것을 좋아했다. TV를 보면 탤런트가 되고 싶었고, 영화를 보면 영화배우가 되고 싶었다. 그러나 이런 꿈들을 행동으로 옮기는 데는 무리가 있었다.

가족이나 친한 사람에게는 애교를 부리며 말도 잘했지만 낯선 사람에게는 한 마디도 못 하는 성격의 소유자였다.

자연히 영화배우의 꿈은 내면의 깊은 곳으로 숨어버리면서 학교 선생님이라는 다른 꿈을 꾸게 되었다. 어린 시절 아이들을 앉혀놓고 공부를 가르치는 놀이를 하곤 했다. 그래서 초등학교 때는 초등학교 선생님, 중학교 때는 중학교 선생님, 고등학교 때는 고등학교 선생님이 되고 싶었다. 이 꿈은 실현가능할 뻔했었다.

그런데 대학시절 경영수학시간에 친구들과 떠들다 교수에게 들켰다. 그때 교수는 불쾌한 표정을 지으며 다음 학기에 다시 볼 것이라고 말했다. 나 또한 그 말이 찝찝했든지 경영수학만큼은 열심히 공부했다. 상업고등학교를 나왔기 때문에 회계학이나 경영학에 관련되는 과목은 거의 A 학점이었기에 자신도 있었다. 평상시에도 같은 과 친구들에게 모르는 것을 가르쳐주곤 했었다. 물론 경영수학시험도 잘 치렀다고 생각했다.

그런데 점수결과는 놀라왔다. 내가 가르쳐준 친구들도 거의 A 학점이었고 못 해도 B 학점을 얻었는데 나는 F 학점이었다. '세상에 이럴 수가!' 그때 나는 그 교수의 말이 떠올랐다.

재수강을 들어야 했지만 실력보다 일부러 나를 떨어뜨린 그 교수가 너무 미웠고 두 번 다시 보기 싫었다. '내가 왜 그 교수를 다시 봐야 되는 거지?, 난 그렇게 나쁜 교수는 절대 보지 않을 것이야.'라는 생각이 들었다.

그렇게 쓸데없는 자존심이 생겼고 결국 그 과목을 신청하지 않고 다른 과목을 신청해 버렸다. 그런데 문제는 그 경영수학 과목이 바로 교직이수과목이었던 것이다. 쓸데없는 자존심에 목을 맸으니 나는 또 그렇게 선생님이란 꿈을 허무하게 날려버리고 말았던 것이다.

대학 3학년 재학 중, 취업이 걱정되어 도서관을 드나들고 있었다. 그때 우연히 신문 광고란에서 연기자를 모집하고 있었다. 시험에 합격하는 사람은 바로 연습을 통해 TV나 영화에 출연도 시켜준다는 것이었다.

어릴 때의 연기자 꿈이 다시 스멀스멀 기어 올라오고 있었다. 그리고 내가 연기자가 된 모습을 상상하고 꿈을 꾸니 구름 위로 올라가 하늘을 붕붕 날아다니고 있는 것만 같았다.

'이건 나에게 찾아온 기회야, 무슨 일이 있어도 이번에는 꼭 이루고 말 거야.'라는 생각을 하면서 계획을 세웠다. 지금까지는 막연한 꿈이었지만 이제는 확실한 꿈으로 만들기 위해 대구를 떠나 서울로 올라왔다.

엄마에게는 연기가 아닌 자격증을 취득하기 위해 시험을 치러 간다고 거짓말을 했다. 엄마는 서울까지 가는 딸이 걱정이 되어 서울 이태원에 있는 친척집주소를 주면서 조심하라고 다짐을 받아냈다.

당초 서울에 있는 친구 집에 가려고 했지만 엄마의 당부도 있었으니 어쩔 수 없이 이태원 친척집으로 향했다. 사실 다른 한편으로는 이태원이라는 곳이 외국인으로 북적거리는 번화가라는 소리에 궁금하기도 했다.

한껏 마음이 들뜬 20대의 젊고 싱싱한 여인이 이태원을 지나가자 여기저기서 휘파람소리가 들렸다. 돌아보니 흑인남자들이 추파를 던지면서 소리를 질렀다. 자기들과 놀다가 가라는 한국어, 영어가 섞인 말이었다. 여기가 서울인지, 외국인지 알 수 없을 정도로 외국인 천지였다. 밝은 대낮이었지만 순간 무서운 생각이 들었다. 무서워서 뛰어가고 싶은 마음은 간절했지만 뛰면 더 자극할 것 같아 빠른 발걸음을 재촉하면서 빠져나갔다.

이태원의 친척집은 오래된 한옥가구인 것으로 기억이 된다. 연세가 많으신 종갓집 어른 댁이었다. 연기시험 때문에 서울 올라왔다는 소리는 못 하고 그저 시험 치기 위해 올라왔다고 말씀드렸다. 사실 시험 치러온 것은 사실이니 거짓말은 아니라고 스스로 자기 합리화시켰던 것이었다.

연예인협회에 가니 많은 사람들이 모여 정신이 없었다. 아마 몇백 명은 모인 것 같았다.

나는 순서가 올 때까지 기다렸다가 테스트를 받았다. 그런데 약간은 실망했다. 즉석에서 연기실력을 보여주고 싶었는데 나에게 내준 테스트는 단지 놀라는 표정만 지어보라는 것이었다. '그쯤이야 식은 죽 먹기지.'라는 생각에 가볍게 하고 내려왔다. 그리고 며칠 후 서면으로 합격통지서가 도착했다.

그때서야 어쩔 수 없이 부모님께 말씀드렸는데 엄마는 동의했지만 아버지는 끝까지 반대하셨다. 반대 이유는 연기자들은 쉽게 이혼도 많이 하고 삶이 문란하다는 것이었다. 아버지의 완고한 성격을 아무도 꺾을 수 없었다.

아버지는 술을 마시면 사람을 못살게 할 정도로 행패를 부리지만 평상시에는 법이 없어도 살 사람이었다.

어쩔 수 없이 날개가 접혀 꿈이 꺾인 나는 또 다른 꿈을 찾아 방황을 해야만 했다. 그러다 다시 교수의 꿈, 결혼생활, 학원 등 수많은 꿈들을 찾아서 달리다 헤매기를 반복했다. 결국 모두 중간에서 실패만 거듭하다 인생 낙오자 길을 걷기도 했다.

그런데 이루지 못한 연기자의 꿈에서 미련을 버리지 못했는지 한 번씩 불쑥 불쑥 올라오기도 한다.

학원을 운영하던 중 우연히 연기학원을 본 후, 연기의 꿈이 계속 머릿속에 맴돌고 있었다. 몇 번을 갔다가 돌아오고, 또 갔다가 돌아오기를 반복하다 결국 등록을 했다.

대부분이 20대의 청춘들이었고 30대는 거의 없었다. 2달을 다니다 결국 나이 때문에 그만두고 말았다. 그리고 얼마 지나지 않아 신문기자라면서 전화가 왔다.

30대 후반의 나이에 젊은이 못지않은 열정에 놀랐다면서 인터뷰를 하고 싶다는 내용이었다. 나는 뒤늦은 나이에 연기를 한다는 사실이 부끄러워 인터뷰를 거절했고 두 번 다시 연기의 꿈을 꾸지 않았다. 아니 꿀 수가 없었다. 바로 얼마 되지 않아 지인에 의한 사기로 오랜 세월 동안 처절하게 지옥을 경험했기 때문이었다.

연기테스트에 합격했을 당시에 '내가 만약 아버지의 반대에도 불구하고 연기를 했다면 어떻게 되었을까?'라는 생각도 했다.

연기생활에 성공한 사람들의 인터뷰를 들으면 부모님의 반대에도 불구하고 가출까지 하면서 도전한 사람들이 많다. 나는 왜 그렇게 하지 못했을까? 아마 용기가 없었을 것이다. 그렇다면 용기는 왜 없었을까? 바로 두려움 때문이었던 것이다.

그런데 이런 두려움은 누구나 가지고 있다. 성공한 사람이라고 두려움이 없는 것은 아니다. 두렵지만 그들은 그 두려움을 떨치고 당당히 앞으로 나아갔기 때문에 성공할 수 있었던 것이다.

내 나이 벌써 50대의 늦은 나이이지만 지금이라도 용기를 내어 연기자의 길을 걷고 싶다. 아니 그 옛날 꼭꼭 숨겨 두었던 연기자의 꿈을 찾아 다시 한 번 도전하고 싶다. 비록 배역이 엑스트라에 불과할지라도 꼭 한 번 연기자로서 무대 위에 올라서고 싶다.

오늘도 나는 무대 위에 올라선 내 모습을 상상하면서 그 꿈을 꾸고 있다.

전 세계를 유람하고 글을 쓰는
여행 작가 되기

과거에는 해외여행이라고 말하면 부자들만이 누리는 팔자 좋은 사람들의 이야기로 치부했다. 하지만 요즘은 마음만 먹으면 누구나 갈 수 있는 것이 바로 해외여행이다. 모임을 하는 사람들끼리 해외여행을 가기 위해 저축을 들기도 한다.

젊은 사람들은 해외여행을 하다가 경비가 떨어지면 현지에서 아르바이트를 통해 여행비용을 충당하기도 한다. 특히 학생들은 해외봉사활동을 통하거나 일부러 오지탐험을 통해 여러 가지 경험들을 쌓는 경우도 많이 있다.

그런데 나는 삶의 중반까지 살아오면서 지금까지 여행과는 담을 쌓고 살아 왔다. 누구는 일 년에 몇 번이나 해외여행을 다녀오는데도 반평생을 살면서 해외여행 한번 가지 못하고 살아왔던 것이다.

어릴 때는 모두가 먹고 살기 힘드니 여행은 꿈도 꿀 수 없었다. 결혼해서는 결혼생활이 평탄치 않을 뿐더러 매일 신경전이니만큼 여행은 생각조차 할 수 없었다.

서른 중반이 넘어서면서 시작한 학원생활은 지인으로부터 사기를 당하면서 모든 것을 잃었다. 그로부터 오랜 세월 동안 숨어 지내느라 여행이라고는 아주 먼 동화나라의 이야기였던 것이다.

평범한 생활조차 누리지 못한 나에게 직장인들은 부러움의 대상이었다. 이 부러움의 대상이 되기 위해 나는 위험한 승부수를 던져야만 했다. 그 당시 지인에 의해 사기를 당했음에도 불구하고 사기죄라는 누명까지 썼지만 두려워 경찰서 출두를 하지 못해 지명수배자가 되었다. 두려움에 떨었지만 용기를 내어 경찰서에 자수를 하러 갔고 자수와 동시에 조서를 꾸민 뒤 검찰청으로 넘겨졌다.

심박 수는 요동을 쳤고 간은 쪼그라들었다 늘어났다를 반복하면서 몸을 지탱하기 힘들어졌다. 다행히 보증인의 사인으로 풀려나게 되었고 사건은 일사천리로 진행되었다. 그러자 얼마 지나지 않아 '혐의 없음'으로 판결이 났다.

'이렇게 쉽게 풀려날 수 있는 것을 왜 5년이라는 세월을 고통받으며 숨어 살았던 것인가.'라는 생각에 흐르는 눈물을 주체할 수 없었다. 앞으로 살면서 두 번 다시 그런 생활을 반복할 수 없었기에 무엇인가를 찾아야 했다.

드디어 내가 그토록 부러워했던 직장인으로 살기 위해 열심히 노력을 해야 했기에 여행은 생각할 수 없었다.

그리고 직장인으로서 열의를 가지고 열심히 살았지만 얼마 가지 못해 시들어 버렸다. 직장의 일이 익숙해지니 너무 평범하다 못해 무료한 일상이 되었기 때문이었다.

이것저것 관심을 가지고 배워도 보고, 물건을 팔기도 했지만 모두 실패하고 말았다. 그러자 삶에 회의가 들기 시작하면서 살아가는 이유를 찾지 못했다.

과거의 뼈저린 고통을 딛고 일어섰기에 새롭고 의미 있는 인생을 살아가고 싶었다. 이런 나에게 평범한 단순직장에서의 생활은 너무 의미 없는 시간들이었던 것이다.

사표를 던지면서 도서관을 찾았고 그때부터 3년 동안 생존독서와 생존 글쓰기를 하면서 여행과는 아예 담을 쌓았다.

그리고 이제 과거의 아프고 고통스러웠던 경험들을 책으로 엮어내면서 작가라는 반열에는 올랐지만 아직도 갈 길이 멀었다. 책 쓰기라는 코칭협회의 스태프로 일하면서 오히려 고생문이 열리게 되어 여행과는 점점 더 거리가 멀어지기도 했다.

거대하고 웅장한 크루즈 여행도 가보고 싶고, 대학생들처럼 오지를 찾아 탐험하고도 싶다. 모로코의 사하라나 미국의 그랜드캐년, 특히 시오노 나나미의 〈로마인 이야기〉를 통해 알게 된 고대 로마 유적지가 무척 가고 싶다.

특히 카이사르를 유혹한 클레오파트라의 고향 이집트, 안토니우스를 유혹한 타르수스(지금의 터키)도 가고 싶다.

그 외에도 책 속에 나오는 모든 유적지들을 다니면서 여행하고 싶다. 세계의 유적지를 찾아다니며 고대인들의 흔적을 찾고 그 영광을 재현하는 책을 쓴다면 그보다 행복한 일은 없을 것이다.

또한 여행을 하며 생활하는 일상의 모습도 사진으로 찍고 적어가면서 역사책뿐만 아니라 여행 책도 함께 출간할 수 있다면 금상첨화일 것이다.

여행을 떠나는 상큼함과 유적지를 찾아 다니는 기쁨, 고대사를 알아가는 놀라움, 세계사를 쓸 수 있다는 경이로움, 이런 일상을 적고 기록할 수 있다는 설렘이 나를 행복의 나라로 이끌어 갈 수 있을 것이다.

아직도 과거의 나처럼 돈이 없어 여행을 할 수 없다고 생각하는 사람들이 많이 있다. 그러나 요즘에는 돈도 벌고 여행도 할 수 있는 프로그램들이 있다. 예를 들면 호주에 '워킹홀리데이'가 있는가 하면 미국에는 '워크엔트래블work and travel'이라는 프로그램이 있다.

이런 프로그램은 대학생들이나 젊은 직장인들이 많이 이용하기도 한다. 이는 단순한 여행에 그치는 것이 아니라 여행을 통해 인생을 배우고 깨달을 수 있는 좋은 기회가 될 수 있다.

요즘은 누구나 휴대폰을 가지고 있고 얼마든지 사진을 찍을 수 있다.

여행을 다니면 반드시 일상들을 메모해두고 기능하면 사진도 찍어두어야 한다. 이렇게 메모한 글들이 하나씩 모인다면 엄청난 양이 될 것이다. 그리하여 이 메모들을 엮어서 만들어내면 하나의 책이 될 수도 있는 것이다.

나는 자리가 잡히는 대로 전국을 비롯해서 세계각지로 여행을 다닐 것이다. 사람들이 가장 많이 다니는 동남아 여행도 하지 못했으니 우선 그곳부터 다녀오고 싶기도 하다.

　여행 책은 꼭 대단한 유적지를 갔다 와야 쓰는 것이 아니다. 작은 섬이라도 내가 그곳에서 의미를 찾고 이야기를 만들 수 있으면 여행이야기, 역사이야기, 소설, 동화 등 무엇이든 쓸 수 있다. 하지만 그러기 위해선 먼저 멋진 영감이 떠올라야 하기 때문에 지구 곳곳을 다니며 여행하고 싶다.

　나는 그날이 오기를 간절히 바라고 있다. 그러면서 그 꿈을 위해 지금은 작은 꿈들부터 먼저 실행에 옮겨야겠다.

　멋진 나의 빅픽처를 위하여…….

1인 기업가로 시작해서 100억 자산가 되어 기부재단 만들기

　첫 책이 나오기 전 책 쓰기 코칭협회에 스태프로 근무하면서 많은 것을 느끼고 깨닫게 되었다. 그리고 첫 책인《관점을 바꾸면 인생이 달라진다》를 출간하면서 본격적인 코치활동을 하게 되었고 두 번째 책인《진짜 인생 공부》를 출간했다. 그러면서 사람들에게 컨설팅과 필요한 개인 코칭도 했다.

　그런 생활을 하면서 직장인으로서 코칭하는 것과 1인 기업인으로서 코칭하는 것은 많은 차이가 있다는 것을 깨닫게 되었다.

　직장인으로 있을 때는 내가 맡은 일과 사람들만 코칭하면 된다. 하지만 1인 기업가는 하나부터 열까지 모두 자신이 직접 해야 한다. 기본적인 책 쓰기 수업은 물론이고 카페를 만들고 관리하면서 사람들도 모집하고 홍보해야 한다. 기타 사무실과 세금문제 등 전반적인 일을 모두 직접 해야 했다.

이런 여러 가지 문제로 인해서 부푼 마음으로 시작했다가 이내 포기를 하는 사람들도 많이 있다. 물론 나 또한 예외는 아니었다. 처음에는 사람들을 모집하는 데 힘들고 어려웠다. 하지만 조금씩 사람들에게 알려지면서 오는 경우도 있고, 저서를 읽고 찾아오는 경우도 많다.

《진짜 인생 공부》는 벌써 출간된 지 몇 년이 지났지만 아직도 메일이나 문자, 전화가 오고 있다.

나는 그들에게 책 쓰기 특강에 참석하라고 말한다. 책을 읽은 사람은 동기부여가 되어 있어 나를 만나고 싶어 하고 책 쓰기 특강에도 참석한다.

실제로《내 삶을 바꾸는 책 쓰기》를 읽고 전화한 사람은 거의 대부분은 책 쓰기 과정에 등록한다. 그 예로 미국 애틀랜타에서 사업하고 계시는 분과 직장인이면서 대학 겸임교수로 계시는 분, 프랑스 파리 유학을 다녀왔지만 뒤늦게 하나의 스펙에 불과했던 것을 알고 나를 찾아온 분, 아이들을 서울로 유학 보낸 평범한 가정주부 등을 포함해 많이 있다.

이런 분들은 확실한 목표가 있기 때문에 책 쓰기 과정에 등록하기 위해 나를 찾아온 것이었다.

그들은 지금 초고를 완성했거나 쓰고 있는 중으로 조만간 책이 출간될 것이다. 심지어 현재 책 쓰기 코칭을 하고 있는 분이 내 책을 읽고 깊은 감동을 받아 오는 경우도 있다. 그 외에도 출판사 대표들이 책 쓰기 특강을 참석하고 좋은 반응을 보였다. 책 쓰기 특강에 참석하는 사람들은 실전적인 책 쓰기 비법이 진솔하면서도 무척 공감된다고 말했다.

또한 책 쓰기 과정을 등록하신 분들 역시 좋은 반응을 보이고 있다. 특히 이순희 저자의 《오직 나만의 꿈의 명작을 그리자》가 출간된 후 사람들의 반응이 더욱 좋아졌다. 이런 반응들이 보이자 나는 이 세상이란 캠퍼스 위에 또 다른 꿈을 그리기 시작했다.

비록 아무것도 없는 1인 기업으로 시작했지만 머지않아 100억 자산가가 되어 사랑의 봉사재단을 만드는 것이다. 그러기 위해선 더욱 더 열심히 활동을 해야 할 것이다. 봉사활동을 하면서 남을 도울 수 있다는 것은 참으로 좋은 일이다.

나는 지금까지 남을 적극적으로 돕는 일을 하지 못했다. 지옥 같은 밑바닥 생활을 걸어왔기 때문이다. 항상 돈이 떨어지면 어떻게 해야 할지 불안해하며 전전긍긍하던 모습들이 필름처럼 머릿속에서 펼쳐졌다.

같은 물건을 사게 되면 제일 싼 것을 고르기 위해 시장이나 마트를 몇 번이나 돌고난 후 겨우 고른다. 그 고른 것조차도 계산을 할 때에는 돈 때문에 몇 번이나 망설이다가 제자리 갖다 놓기를 반복하니 장을 보면 몇 시간 경과하는 것은 기본이다.

과일은 조금 썩은 것을 고르지 않으면 가격이 비싸기 때문에 도저히 살 수 없었다. 그 썩은 과일조차 망설이다가 먹고 싶은 마음이 간절하다 보니 '이것을 먹지 않는다고 부자 되겠어.'라는 생각에 장바구니에 담았다. 그러다 계산하기 전에는 '이것을 먹지 않아도 죽지는 않는다. 돈을 아껴야 돼.'라는 생각에 다시 갖다 놓았다. 이런 나에게 기부와 봉사는 상상조차 할 수 없었다.

내가 이런 상황이 된 것은 어릴 때부터 엄마의 절약정신도 물려받았지만 지인으로부터 사기를 당한 영향이 매우 컸다.

처음에는 무엇을 어떻게 해야 할지 알 수 없었다. 내가 왜 이렇게 되었을까 하고 자문하기보다는 나를 이런 상항으로 만든 지인이 괘씸하고 세상이 원망스러웠다. 매일 살아 있다는 것이 고통스러웠지만 그래도 살아 있으니 입에 거미줄은 칠 수 없었다.

일단 돈이 있어야 먹고 살 수 있으니 직장을 구해야만 했다. 그러나 수배자였기에 변변한 직장보다는 주로 식당의 홀 서빙이나 주방 보조로 들어갈 수밖에 없었다.

종일 일하고 돌아오기를 반복했지만 제대로 월급을 받지 못하는 경우도 있었다. 그럴 때마다 배고픔을 절실히 맛보아야 했기에 지금도 그 일을 잊지 못하고 있다.

자수를 하고 난 후 매사 일사천리로 진행되었거니와 원했던 직장까지 구했지만 정작 처음에는 대단해 보였던 직장이 너무 평범하다 못해 무료해지기까지 했다.

그리하여 꿈을 찾기 위해 책을 읽게 되고 책 속에서 꿈을 발견하고 그 꿈을 좇아 작가가 되었다. 그런데 꿈의 끝이 작가인 줄로만 알았는데 그것이 아니었다. 작가를 통해 강연가, 코치, 컨설턴트, 1인 기업가로 갈 수 있는 길을 보았던 것이다.

결국 시발점은 작가였고 도착점은 1인 기업가인 것이다.

나는 작가, 강연가, 코치, 컨설턴트, 1인 기업가까지 도착했다. 물론 1인 기업가가 되기까지 우여곡절도 많이 있었다. 1인 기업가도 처음에는 나를 알아주는 사람이 없으니 수입이 변변치 못하다.

그런데도 작가들은 1인 기업가만 되면 성공의 끝에 서는 줄 알고 있다. 절대 그렇지 않다. 앞에서 말한 것처럼 처음 나도 1인 기업가로 서기까지 힘든 일이 많았기에 여전히 절약할 수밖에 없었다.

그러나 이제 상황이 조금씩 역전되면서 숨통이 트이기 시작하고 있다. 드디어 나를 알아주고 찾는 사람이 생기고 수강생도 늘어나면서 수입도 조금씩 늘어나기 시작했다. 수입이 늘어나니 너무 싼 것만 먹는 습관을 조금씩 버려야겠다는 생각이 들었다. 사실 싼 것만 고집하다가 배탈이 난 적이 있었기에 약값이 더 들어가기도 했었다.

이제 조금씩 여유가 생기자 남을 돕는 봉사활동도 눈에 띄게 되었다. 어렸을 때는 불쌍한 사람을 보면 그냥 지나가지를 못했다. 돈이 있으면 돈을 주고, 돈이 없으면 옷이라도 벗어주고 와야 했다. 학교에서나 교회에서도 봉사활동을 자주 나갔다. 그런데 어른이 되면 될수록 봉사활동과는 거리가 멀어졌던 것이다.

사실 우리가 어렸을 때에는 모두가 어렵게 사는 세상이었다. 쌀한 톨이 귀한 시절이었기에 보리밥과 쌀밥의 비율을 8대 2로 섞어 거의 보리밥을 먹었다. 그런데 큰언니는 불쌍한 사람이 왔다고 집에 있는 쌀 한 바가지를 모두 주고 엄마에게 혼난 적이 있었다. 그 쌀은 우리가 며칠 동안 보리쌀과 섞어 먹어야 할 쌀이었던 것이다.

이렇게 우리는 선한 마음과는 별도로 세월이 흐르면서 때가 묻으면서 자선과는 거리가 멀어졌다.

이제 1인 기업가로서 일어섰지만 아직은 갈 길이 멀고 시작에 불과하다. 지금까지 1인 기업가가 성공의 끝이라고 생각했지만 결코 아니라는 것을 깨닫게 되었다. 1인 기업가는 또 다른 시작점에 불과한 것을……

그리하여 나는 이 세상이란 캠퍼스 위에 또 다른 꿈을 그리고 싶다. 반드시 1인 기업가로 시작해서 100억의 자산가로 우뚝 선 기부재단을 만들고 싶다.

지금 대한민국의 1인당 국민소득이 높다고 하지만 아직도 뒷골목 어느 곳에서는 굶고 있는 사람들이 많다. 물론 무료급식소도 있지만 대부분 노인들이다.

과거의 나처럼 젊은 사람들도 돈이 없어 밥을 먹지 못하는 경우도 많을 것이다. 나는 급식뿐만 아니라 재활을 위해 반드시 100억을 모아 자선단체를 만들고 싶다.

그러기 위해선 1인 기업이 성공적으로 이루어져야 하기에 오늘도 쉬어갈 수 없다. 〈브랜딩 책 쓰기 코칭협회〉를 더욱 더 반석 위에 올리고 프로그램 시스템을 하나씩 구축해 나가야 할 것이다.

책 쓰기 과정은 혼자 책을 저술하는 개인저서 과정과 여러 명이 함께 저술하는 공동저서 과정이 있다. 개인저서 과정은 개인 코칭과 그룹 코칭으로 운영하고 있다. 바쁘게 사업하는 사람들에게는 각자의 스케줄에 맞추어 개인코칭으로 가르치기도 한다.

이 외에 카페 과정, 유튜브 과정, 블로그 과정, 독서코칭 과정 등을 운영하고 있다. 이제 유튜브로 책 쓰기 과정을 공유하면서 적극적인 홍보를 할 예정이다.

많은 사람들이 〈브랜딩 책 쓰기 코칭협회〉를 통해 멋진 책이 출간되는 기쁨을 누린다면 더욱 많이 알려질 것이다. 그럴수록 나의 꿈은 점점 더 앞으로 다가올 것이다.

나는 그 꿈을 꾸면서 지금 이 시간에도 쉬지 않고 노트북을 두드리고 있다.

긍정의 에너지로
꿈의 기적을 이루다

이순희

**자기계발작가, 동기부여가, 커플매니저,
자연치유 건강 학강사, 인성교육전문가, 성공학강사**

노인요양병원에서 간호사로 밤에 근무하며 커플매니저로 아름다운 가정을 꾸미도록 돕고 있으며 작은 교회를 섬기며 협력으로 사역하고 있다.

교회와 교육원에서 치매와 호스피스, 자연치유 등 건강에 대한 강의와 건강 컨설팅, 행복 코칭과 성공학 강사로 활동 중이다.

꿈을 현실로 만들어가는 과정을 구체적으로 제시함으로써 행복을 공유하는 내비게이션 역할과 메신저의 삶을 살아가고 있다.

저서로는 《오직 나만의 꿈의 명작을 그리자》가 있다.

전자우편 vs49210@hanmail.net

꿈과 비전을 심어주는 희망 멘토 되기

그 무엇이든지 꿈꾸는 것으로부터 시작된다.

꿈이 있으면 지금 힘들더라도 꿈을 생각하며 참아 낼 수 있는 힘이 생긴다. 꿈을 갖는 것은 참으로 가치 있는 일이다. 또 그 꿈을 이루기 위해 노력하는 하루하루는 정말 값지다. 나이가 많고 적음을 떠나 꿈이 있으면 신나는 하루를 만드는 원동력이 생긴다.

꿈이 있는 사람은 항상 밝고 환하며 당당하다. 또한 꿈이 있는 사람은 두려워할 것이 없고 무엇이든지 할 수 있다는 자신감으로 가득 차 있는 것을 보게 된다.

현실이 고통스럽고 비참할수록 더욱 큰 꿈을 꾸는 자가 되어야 한다.

지금 자신의 처지가 어렵다고 너무 힘들어하지 말고 조금만 힘을 내보자.

하나하나 어려움을 이겨나가다 보면 기쁜 날은 반드시 온다.

삶은 어떤 마음가짐으로 바라보느냐에 따라 다르다. 언제까지나 회오리바람만 몰아치는 삶이란 없다. 무서운 회오리바람도 언젠가는 물러나게 마련이고 누구에게나 어떤 삶이든지 따뜻한 해가 아름다운 미소를 보내며 희망과 기쁨이 넘치는 축복의 날은 반드시 오게 된다.

아무리 어려운 고난과 시련을 겪는다 할지라도 큰 꿈을 가지고 열정적으로 노력 하는 자 앞에서는 힘을 못 쓰게 되어 물러가게 되어 있다.

우리 모든 사람은 큰 꿈을 품되 어마어마한 꿈을 품어야 한다. 더 크고 더 넓게 입을 열어야 한다.

나는 온 세상이 깜짝 놀랄 큰 꿈을 마음에 그려가고 있다. 일상의 노예가 되어서 그럭저럭 살아가는 사람이 아닌, 더 나은 내일을 향해 크게 꿈꾸고 도전하는 사람이 되도록 노력을 끊임없이 하며 살아간다.

그리고 그 꿈을 이루기 위해서 구체적인 목표설정을 해놓았다. 목표를 구체적으로 세우고 이루어진 모습을 생생하게 마음속에 상상하며 꿈을 꾸며 사는 나의 인생은 정말 기쁨과 행복이 넘쳐나는 삶이다.

꿈이 있다는 것은 무언가에 관심이 있다는 것이고 인생을 살아갈 목표가 있다는 것이다.

꿈을 상상하는 나는 당장 오늘부터도 다르게 살고 있다.

여러분이 꿈꾸고 바라보는 곳까지 여러분의 세상이 될 것이고, 여러분이 꿈을 꾸는 만큼 열릴 것이다.

심장을 뛰게 만드는 꿈에 도전하고 오늘 최선을 다하며 열정을 쏟아내야 한다.

나 역시 인생을 다 바칠 만큼 가슴 뛰는 꿈을 현실로 이루어내기 위해 지금도 계속해서 배우고 경험하며, 다음과 같은 질문을 스스로에게 가끔 해본다.

"나는 어떤 사람으로 기억되고 싶은가?"

훗날 자신의 죽음 앞에서 뿌듯하고 자랑스러울 수 있을 만큼 후회 없는 삶을 살기 위해서 오늘이 마지막 날인 것처럼 최선을 다해 살아가고 있다.

꿈을 꾸고 꿈을 향해 이루어 나아가는 과정에서 우리는 성장한다.

볼드윈은 "인생에서 뜻을 세우는 데 늦은 때라곤 없다."라고 말했다. 당장 우리는 어디에 서 있는가? 어디로 가려고 하는가?

"나는 누구인가? 나는 어떻게 살기를 원하는가? 이를 위해 어떤 일을 해야 하는가?"

스스로에게 끊임없이 질문을 해야 한다. 그리고 꿈과 희망을 가지고 한 발자국씩 앞으로 나아가보자.

자신을 믿고 꿈을 향해 멈추지 않고 나아가다 보면 어느 순간 아픔은 사라지고 찬란한 미래가 눈앞에 펼쳐질 것이다.

성공하는 인생을 살기 원한다면 가장 먼저 무엇을 해야 할까?

내가 원하는 미래는 무엇인가?

우리는 자신의 의식 채널을 어디에 맞추느냐에 따라 운명을 바꿀 수 있다. 지금 할 수 있는 일이 무엇인지 생각해야 한다. 자신에게 도움이 되고 조금씩 꿈에 가까워질 수 있도록 의식 채널을 변화시키는 것이 필요하다.

가장 빠른 방법은 종이에 자신의 '드림리스트'를 적는 것이다.

나는 '드림리스트'를 적어서 가방 속에 항상 넣고 다니며 귀중하고 값비싼 보석을 보듯이 수시로 들여다보고 있다.

나만의 드림보드는 책상 옆과 침대 앞에 붙였다.

아침이나 저녁에 시간이 있을 때마다 몇 번씩 적어놓은 것과 붙여놓은 것을 바라보며 꿈이 이루어진 것처럼 상상하고 느끼며 큰 소리로 외치고 있다.

우리도 만나고 싶은 사람, 갖고 싶은 물건, 되고 싶은 것, 하고 싶은 것 등을 써 넣거나 비슷한 이미지를 찾아서 오려붙이면 된다.

나는 꿈 노트를 써가며 업그레이드하면서 꿈을 점점 구체화시키고 있다. 또 꿈이 실현된 것처럼 미래일기를 적어 내려간다.

꿈을 이룬 나 자신을 상상하다 보면 내 안에서 행복이 넘쳐난다.

나는 이제는 꿈의 크기와 상관없이 진정으로 원하고 이루고 싶은 꿈에 대한 영감을 얻기 위해 더 많은 시간과 에너지를 쏟고 있다. 그리고 지금은 개인의 꿈을 넘어 더 많은 사람들에게 영향을 미칠 수 있는 '꿈 너머 꿈'에 대해서도 적어 내려가기 시작했다. 간절히 바라는 꿈들을 노트에 적어놓고 상상하고 이루어진 것처럼 입으로 외치면 그대로 이루어지기 때문이다.

꿈과 비전을 심어주는 희망의 멘토가 되어 살아간다는 것은 생명을 살리는 일이므로 너무나도 의미 있고 가치 있는 일이다.

많은 사람들이 자신의 존재가치를 느끼지 못하고 살아가고 있거니와 그것은 자존감의 문제라고 생각한다.

남들과 비교하면서 자신을 비하하고 '나는 할 수 있는 것이 하나도 없다. 나는 지질이도 복이 없는 놈이야. 나는 가난한 집에서 태어났고 공부도 많이 못 했으니 내가 무슨 성공을 하겠어?'라는 생각에 사로 잡혀 사는 사람들이 의외로 많다.

그런 사람들에게 꿈과 소망을 주어 성공과 행복의 삶을 살도록 가이드 역할을 잘해야 할 것이다. 그러기 위해서는 먼저 내가 행복하고 성공한 모습을 보여 주어야 한다.

그 일을 위해서 나는 계속 노력을 해왔기에 지금 너무도 기쁜 일이 넘쳐나고 있다.

항상 책을 쓰고 싶은 생각을 하던 중 어느 세미나에 갔다가 브랜딩책쓰기협회 조경애 소장님의 강의를 듣게 되었다. 바로 그 다음에 책 쓰기 1일 특강에 참석을 하고 등록하여 코칭을 받으며 <오직 나만의 꿈의 명작을 그리자>라는 책을 출간하게 되었다.

책 제목도 너무 좋았고 표지도 아주 고급스럽게 잘 나왔을 뿐더러 목차도 하나하나 정말 세련되게 만들어졌다. 많은 독자들로부터 '책이 너무 쉽고 재미있어서 책에 빠져 들어가게 되어 단숨에 읽어 버렸다. 책을 통해서 꿈을 찾게 되었고 많은 도전을 받았다. 나도 이제 꿈을 갖고 도전해서 남은 인생을 살아갈 것이며 이 책을 많은 사람이 읽도록 열심히 전하고 있다.'라는 전화를 받고는 한다. 정말 하루 하루의 삶이 행복하다.

매일 매일 기적 같은 일을 통해서 나는 기뻐서 울고 감사해서 울고 기뻐서 웃고 감사해서 웃고 하나님께 영광을 올려드리며 살고 있으니 2019년은 내가 정말 최고로 축복받은 해라고 느껴진다.

올해는 이순희가 주인공이 되어 더 좋은 일이 계속될 것을 바라보며 지금도 행복한 미소를 짓고 감사를 드린다.

나는 전화로, 카카오톡과 페이스북, 개인적으로 물건을 살 때도 쉬지 않고 꿈을 나누어주고 있다. 책을 사면서도 기뻐하며 감사하는 모습들이 정말 사랑스럽다.

더 좋은 책을 빨리 많이 써야 하겠다는 생각을 또다시 하면서 또 다른 꿈을 꾸고 있다.

시간이 없어 아직 전화하지 못한 사람들이 너무 많다. 틈틈이 알리고 있으며 자투리 시간을 소중하게 보냈었지만 지금은 더욱 더 1분 1초를 귀하게 사용하고 있다.

인생은 끝나지 않은 도전의 연속이다. 나는 계속 도전을 할 것이며 앞으로 남은 삶을 큰 꿈을 이루어가며, 많은 사람들에게 꿈과 희망을 주고 행복을 나누어줄 것이다.

꿈은 주어지는 게 아니라 만들어 가는 것이다. 내가 꿈을 이루면 나는 다시 누군가의 꿈이 될 것을 확신한다. 따라서 이 자리에 머물지 않고 더 나은 삶을 위해 열심히 노력하고 있다. 배워서 남 주고 돈 벌어서 남 주는 축복의 통로로써 귀하고 복된 사람으로 멋지게 살아가고 있는 나의 삶에 박수를 보낸다.

인생에 최대의 비극은 자기가 진정으로 하고 싶은 일이 무엇인지 알지 못하고 있다는 사실이다. 현실에 만족하지 못하면서도 더 큰 꿈을 갖고 도전하려고 생각하지 않고 살아가는 것이다.

그러나 나는 그들과는 다른 삶을 살아가고 있다. 어차피 한 번밖에 못사는 인생인데 나는 멋있게 잘 살아보려고 계속 도전을 하고 있다. 나이는 숫자에 불과하기 때문에 나이에 상관없이 꿈을 꾸고 있다. 세상에 쉬운 일은 하나도 없지만 그렇다고 못 할 일도 없다.

인생에 있어서 절대 늦은 나이는 없다. 건강한 사람만이 꿈을 꾸게 되고 미래를 준비할 수 있다.

긍정적인 마음으로 꼭 해보겠다는 생각을 가지고 행동으로 옮긴다면 세상에 안 되는 일은 하나도 없다.

꿈이 있는 사람은 항상 미래를 내다본다.

꿈이 없는 사람은 늘 현실에 쫓기면서 의미 없이 헛된 일에 시간만 보내면서 살아간다.

미래는 운명의 손이 아니라 내 손에 달려 있다.

꿈을 꾸지 않으면 아무 일도 일어나지 않는다. 미래를 위해서 멀리 바라보며 높게 바라보는 눈을 가져야 한다. 성공한 사람들은 자기계발에 열정을 가지고 몰두한 사람인 것을 볼 수 있다.

월트디즈니는 '꿈을 꿀 수 있다면 그 꿈을 이룰 수 있다.'고 했다.

기도하고 찬양을 들으면서 가슴이 벅차오른 마음으로 누가 빼앗아 갈 수도 없고 그 누구도 방해할 수 없는 세계를 이끌어가는 나만의 큰 꿈을 꾸고 있다.

나의 아름다운 인생은 꿈으로 만들어졌다고 해도 과언이 아니다.
나는 지금도 날마다 행복한 미래를 꿈꾸고 있다. 꿈과 함께 하는 매
일 매일 인생의 꿈의 무대에 올라 찬양에 맞추어 성령의 춤을 추면
서 긍정의 에너지로 꿈의 기적을 이루어 가고 있다.

어린이에게 찾아오신 예수님께서는 계속 꿈을 주어 꿈으로 평생
을 살게 하셨다. 시골에서 여자들은 중학교도 보내지 않은 시절에
열심히 공부하고 교회를 다니면서 밤마다 하늘의 별들을 바라보며
꿈을 키워나갔다. 간호대학을 나와 서울에서 병원에 근무하면서도
동생과 함께 양장점을 열어서 20대에 오너가 되었다.

그리고 외국에 가고 싶은 생각이 있어 현재와 달리 외국을 가기
힘들었던 때 사우디아라비아 리야드센츄랄 병원에 수간호사로 취
업이 되어 나갔다.

그 후에는 육신을 치료하는 간호사보다는 영혼과 육을 함께 치료
하는 목회자가 되고 싶어서 낮에 보건소를 다니며 야간에 신학을 하
게 되었다. 이때부터 밤낮을 가리지 않고 목표를 향해서 앞만 보고
달려 나갔다.

목회자로 젊음을 다 바쳐서 하나님의 일에 충성을 했다.

다른 분들은 은퇴하고 쉬고 있지만 나는 오히려 지금이 더 바빠졌
다. 작은 교회를 협력으로 사역하며 밤에는 병원에 간호사로, 커플
매니저로, 또한 강의로 바쁘게 생활하고 있다.

나이가 많아도 늦게까지 일할 수 있는 것이 감사하지만 지금의 삶에 만족하지 않고 더 나은 삶을 위해 책 쓰기에 도전하게 된 것이 얼마나 감사한지 모른다.

감사는 행복의 원료가 되었으며 성실과 열정이 나에게 성공과 축복을 가져다주었다. 앞으로 건강에 대한 책, 동기부여가로서 행복과 성공에 대해서, 신앙서적도 계속 쓰려고 계획을 하고 있다.

눈부신 미래를 창조하고 싶어서 미친 꿈을 가지고 나는 살고 있다. 나의 도전은 아직도 끝이 나지 않았다.

도전하는 인생은 나이가 들어도 아름답다.

꿈을 가지고 열정적으로 도전하기만 한다면 이루지 못할 것은 아무것도 없다.

꿈에 미치면 어떠한 것도 가능하게 만들어주어 기적 같은 일들이 일어나고 있어서 너무 감사하다.

이제 베스트셀러작가가 되어 누군가의 신화가 되어 많은 사람들의 롤 모델로 멋지게 살아가리라!

나는 지금까지 열심히 인생을 살아오면서 늘 감사하면서 살긴 했어도 아주 큰 기적 같은 일은 많지가 않았다. 지금부터는 더욱 멋있게 잘살아야 한다. 축복된 삶을 살면서 꿈과 비전을 심어 주면서 희망 멘토로 살아갈 것이다.

긍정의 에너지를 나누어주는 힐링센터 세우기

"나는 충분히 만족스러운 인생을 살아왔는가?, 스스로 가치 있는 존재라고 느끼는가?"

스스로에게 자주 질문을 던지고 깊은 생각에 빠지며 또 다른 꿈을 가지고 더 나은 삶을 살기 위해 도전을 한다.

가치 있고 보람된 인생을 살아 보겠다고 끊임없는 노력을 하며 지금까지도 살아왔고 앞으로는 더욱 더 그렇게 살려고 부단한 애를 쓰고 있다.

긍정적인 사고는 우리에게 힘을 주고 열정을 준다. 부정적인 사람은 자신뿐 아니라 주변의 사람들에게 많은 피해를 준다.

우리는 알게 모르게 끊임없이 환경의 영향을 받게 됨으로 부정적인 사람을 멀리 해야 한다. 훌륭한 사람들을 사귀면 자신도 그와 같은 사람이 되고, 수준이 낮은 사람을 가까이 하면 나쁜 영향을 받아 비슷하게 된다.

우리의 삶은 단 한 번뿐이다. 자신에게 긍정적인 영향을 주는 사람들과 함께 삶을 행복하고 의미 있게 만들어야 한다.

긍정적인 생각은 긍정적인 에너지와 환경을 만든다. 반면에 부정적인 생각은 부정적인 에너지를 끌어온다. 부정적인 에너지는 우리를 우울하게 만들고 결말이 언제나 좋지 않다. 부정적인 사람은 다른 사람의 긍정적인 에너지를 빼앗아가며, 다른 사람들의 긍정적인 발전을 가로 막는다.

부정적인 사람은 여러분의 성공을 방해할 것이므로 멀리 해야 한다. 모든 것은 마음먹기에 달렸다. 여러분의 미래를 행복으로 채우려면 꿈 도둑부터 경계하고 긍정적인 에너지를 주는 사람과 교류해야 한다.

성공하는 것만을 상상하고 있으면, 강력한 힘이 작용하여 그렇게 되어간다.

이루고 싶은 꿈과 성공의 자화상을 이미지화하자. 이미지화는 창조적인 인생을 보내는 데 있어서 중대한 원리이며, 성공적인 테마이기도 하다. 이미지 트레이닝은 이상적인 자신의 미래의 모습을 상상하는 것이다. 이 이미지 트레이닝에 의해 꿈을 실현시킨 사람은 매우 많다.

자동차 왕 헨리 포드, 석유 왕 록펠러 등의 실업가들도 이미지트레이닝으로써 성공하는 모습을 생생하게 그려보았다. 여러분들도 이미지트레이닝을 통해 꿈이 실현되어 성공의 삶을 살아가기 바란다.

우리는 반드시 행복해야 하고 꼭 성공해야 한다. 부와 풍요로움 등을 상상하고 있으면 마음속 깊은 곳에서 풍요로운 감정이 솟아난다. 상상하면 무엇이든지 가능케 하는 힘을 가지고 있다.

나는 남은 인생을 은퇴선교사들을 모시고 지역사회를 섬기려 하는 꿈을 꾸고 있다.

나는 남을 돕는 것을 좋아하며 도움이 필요한 사람들에게 기회 주기를 기뻐한다. 본받을 만한 삶을 살면서 성실하고 다른 사람들을 배려하고 도와주면서 살기를 원한다.

우리는 우리 안에 있는 신의 영광을 드러내려고 태어났다. 내 안의 잠재력과 원대한 미래를 믿고 나가야 한다.

나는 나의 일이 매우 중요하고 언젠가 수많은 사람들을 돕게 될 것이라는 점을 항상 마음에 새기고 큰 기회가 오기를 인내하고 기다리면서 나가고 있다.

앞으로는 지금보다 더 많은 것을 베풀면서 살아가고 싶다.

진정으로 하고 싶은 일을 하면서 내 주변의 사람들에게 작지만 내가 가진 재능으로 의미와 가치가 있는, 지금까지 받은 것을 누군가에게 기꺼이 돌려줄 수 있기를, 삶의 지혜를 나누면서 멋지게 나이 들기를 소망한다.

필자는 멋진 미래를 위해 꿈을 갖고 생생하게 그리며 상상하고 있다.

나는 남진이 불렀던 노래를 좋아한다. 사람들에게 꿈을 주기 때문에 웃기는 말로 복음성가에 들어가도 좋지 않나 하고 생각한 적이 있다.

'저 푸른 초원위에 그림 같은 집을 짓고 뜻을 같이 하는 사람들과 사랑을 나누며 살고 싶다.'

공기 좋고 숲이 우거져 있고, 계곡 시원한 물에 발을 담그며 매미 소리와 새들이 노래하는 소리를 들을 수 있는 곳에 꿈과 치유가 있는 비전힐링센터를 아름답게 꾸밀 것이다.

1층은 의료 기구를 설치해서 몸을 풀 수 있도록 하고, 기혈 치료와 자율 신경운동도 하며, 단전호흡 운동도 하게 할 것이며 산책로도 멋있게 만들 것이다.

2층은 지치고 아파하는 영혼을 치유하는 찬양과 클래식을 통해 질병이 치료받을 수 있는 음악이 흘러나오게 하고 아로마향을 내는 북 카페와 전통찻집을 열 것이다.

3층은 예배실과 강의실, 결혼식을 할 수 있는 웨딩홀로, 4층은 식당으로, 5층은 선교사들이 마음 놓고 쉴 수 있고 재충전을 할 수 있는 문화공간을 만들어 놓을 것이다.

힐링센터를 세우기 위해서 오래전부터 기도해오며 하나하나 준비를 해 가려 생각하고 있다. 경매로 나온 부지를 알아보든가, 아니면 경매로 나온 건물을 리모델링 해도 된다고 생각을 하고 있다. 교회 인테리어를 한번 해보았기 때문에 정말 모든 사람들이 행복을 느낄 수 있도록 아름답게 꾸밀 자신이 있다.

뜻을 함께 하고, 후원과 기도를 함께하며 같이 꿈을 꾸고 꿈을 이루어가며 운영을 함께할 사람을 놓고 기도하고 있다.

책을 많이 홍보하고, 강의를 통해서 얻어진 강의료와 커플매니저로 성혼시켜서 행복한 가정을 만들어주고, 이 같은 일을 함으로써 받은 사례금과 책을 통해서 늘어나게 될 인세를 가지고 아름다운 힐링센터를 꿈으로 이끌어갈 것이다.

내 안에 있는 잠재력을 계속 끄집어내어 삶 속에 적용하고, 인맥을 늘려가며, 인적자원과 함께 경제적인 상황도 풍성해질 것이다.

꿈을 이룬 성취감에 의한 기쁨은 이루 말할 수 없을 것이다. 마음껏 선교를 할 수 있도록 시간적 자유와 경제적 자유를 주실 하나님으로 인하여 행복해하며 할렐루야! 하나님께 영광을 올려드린다.

나는 양장점 했던 경험을 되살려 꿈을 마음껏 디자인하여 멋진 꿈의 옷을 입고 전 세계를 날아다니며 꿈을 나누며 다닐 것을 생각하며 오늘도 크게 웃어본다.

주기도문 아카데미를 통한
세계적인 강사로 활동하기

우리가 건강을 위해 밥을 먹듯이, 인간은 꿈을 먹고 살아간다. 킹 제임스 성경에서는 '비전이 없는 백성은 말한다.'(잠29:18)라고 번역했다.

꿈이 없는 사람은 내일의 성공을 기대할 수 없다. 꿈을 잃어버린 사람은 모든 것을 잃어버린 사람이라 할 수 있다. 자신에게 주어진 비전을 바라보지 못하고 꿈을 꾸지 못한다면 결국 모든 것을 잃게 되는 것이다.

우리는 하나님께서 우리에게 향하신 꿈이 무엇인가 하나님의 음성을 듣고 올바른 비전을 소유해야 한다. 꿈으로 가슴이 불타올라야 한다.

독일 작가 헤르만 헤세는 "꿈이 없는 생활은 무미건조한 것이고 꿈이 없는 생활은 고통이다."라고 말했다. 마르틴 루터는 "나는 하나의 큰 꿈을 가지고 있다."라는 말을 했다.

꿈이 있어야 행복한 인생을 살아갈 수 있다.

꿈의 크기로 그 사람을 알 수 있다. 꿈이 작으면 작은 사람이고 꿈이 크면 큰 사람인 것이다.

예수님이 사용하셨던 사람은 다른 사람들보다 뛰어난 사람이 아닌 큰 꿈을 가졌던 사람들이었다.

하나님의 자녀들은 개인의 평안을 위해서만 꿈을 꾸는 사람이 아니다. 더 많이 가지려 하고 더 많은 것을 누리기 위해서 꾸는 꿈은 하나님이 원하시는 꿈이 아니다.

정의가 바로 서고 약자들을 돌보는 공동체를 위해 꿈을 꾸고 더 나아가 온전히 이 땅이 하나님 나라가 되는 꿈을 꾸고 비전을 품어야 한다.

하나님은 언제나 개인과 가정, 그리고 교회공동체에게 꿈을 주신다. 교회와 민족을 축복하시려 할 때도 영롱하고 찬란한 꿈을 먼저 주신다.

교회에서 목회자들은 이 시대에 하나님이 주시는 꿈을 나누는 역할을 해야 한다. 그것이 하나님의 비전이다.

미래는 꿈꾸는 자들의 것이다. 하나님이 주신 꿈은 반드시 이루어진다. 예수님은 정말 비전 메이커이시다.

하나님의 비전, 꿈을 가지고 우리도 삶 속에서 꿈을 이루면서 하나님께 더 크고, 귀하게 쓰임 받아야 한다.

예수님께서 우리를 구원하신 것은 교회 안에서 우리끼리 모여 잘 먹고 잘살라는 뜻이 아니다. 하나님께서는 그의 자녀들을 역사 속으로, 세계 속으로, 세상 속으로 보내시는 큰 이유는 하나님 나라를 세우시기 위함이다.

나는 꿈으로 인생을 경영한다. 꿈이 있는 자의 인생 경영은 쉽고 단순하다. 믿고 그대로 살아가면 되니까 말이다.

이제 우리는 자기 교회를 키우기에 목숨을 거는 일이 아닌 하나님의 뜻을 이 땅에 이루기 위해서 하나님께서 기뻐하시는 일을 해야 한다.

주 안에 있는 나는 꿈을 포기할 수 없다. 한국에 교회들이 많이 세워져 교회 수는 많고, 대형교회들도 많아 성도의 수는 많이 있지만 세상에서 하나님의 영광을 드러내지 못하고 있다. 교회에서 세상 사람들을 걱정해야 하건만 세상 사람들이 오히려 교회걱정을 하고 있다니 말도 안 되는 것이다.

누구를 탓하고 원망하고 불평하기 이전에 나부터 바로서야 되겠다. 많은 목회자들이 회개한다고 앞에 서서 기도회를 인도하고 있지만 진정한 회개가 이루어져야 한다. 말로만 하지 말고 행동에 옮겨야 한다.

나는 아니고 다른 사람부터 바꾸려 하는데 나부터 바뀌어야 하고 나중이 아닌 지금부터 실천에 옮겨야 한다.

하루아침에 바뀌는 것이 아니다.

"세상은 우리의 행동을 기다리고 있다!"

끊임없이 자기를 쳐서 하나님 말씀에 복종하며 조금씩 바꾸려고 할 때 가능한 것이다. 지극히 적은 일이라도 할 수 있는 것을 지금 해야 한다.

변화시켜야 할 것은 '세상'이 아니라 '나 자신'이다.

세상을 바꾸려 하려면 원망, 불평만 생기고, 지쳐서 낙망하며 포기할 수밖에 없어 불행해지게 된다. 세상을 바꾸려 하는 것이 아니라 내 생각을 바꿔야 한다.

자신의 영혼이 하고 싶은 일을 찾아야 한다. 열정을 내서 신나게 할 수 있는 일을 해야 한다.

이 일을 하다가 죽어도 좋다고 생각하는 것이 있다. 이런 꿈이 나에게 있어 나는 꿈에 이끌려 가는 것이 참으로 행복하다.

순수한 신앙과 열정으로 희망과 꿈을 주고 있는 주기도문을 통해 세계적인 강사로 활동하기를 기도하고 있다.

한국 사람처럼 기도를 뜨겁게 하는 민족이 세상 어디에도 없는 것을 볼 수 있다. 새벽기도, 철야기도, 금식기도, 작정기도, 1천 번제 등 많은 기도의 종류가 있고, 기도 방법도 부르짖어 큰 소리로 하는 기도, 묵상기도, 관상기도 등 많은 기도를 하고 있다. 그 덕분으로 우리나라가 영적, 물질적으로 복을 많이 받았다고 생각되어 하나님께 감사하며 나 역시도 기뻐하고 있다.

주기도문 운동은 3년 전에 목사님 한 분이 시작하셔서 1년에 한 번씩 모여 행사를 하고, 1달에 한 번씩은 모여 기도회를 하고, 매 주마다 주기도문 아카데미를 하고 있는데 많은 수는 아니지만 은혜가 넘치고 있다.

목회자들이 모여 연구한 것을 발표하고, 서로 공부하며 강사 트레이닝을 하고 있어 너무 귀한 시간이다. 해외도 나가 주기도문을 통한 선교를 하고 있으며 이번 4월 중에도 일본에 갈 계획을 세우고 있다.

하지만 나는 근무 때문에 시간 내기가 힘들어 갈 수 없으니 너무 안타깝다. 병원 근무를 안 하고 책만 쓰게 되면 마음껏 다닐 수 있으므로 그날이 빨리 왔으면 좋겠다. 그리하여 이번엔 결단을 해보려 한다.

퇴직금을 타려면 몇 달을 더 근무해야 하지만 그냥 포기하고 사직서를 내고 마음 편하게 선교여행을 다녀온 후 새로운 직장으로 옮기려고 마음을 먹고 있다.

때에 맞추어 다른 병원에서 콜이 온 것을 보면 항상 선교 가기를 원하는 마음을 아시고 하나님께서는 이번에 특별한 기회를 허락하신 것 같다.

우리는 살아가면서 길이 막힐 때마다, 제일 먼저 하는 것이 '기도'이다. '진실한 기도'는 '진실한 마음'에서 비롯된다. 기도는 만사를 변화시키며, 사태를 역전시키기도 하고, 문제를 해결하기도 한다. 기도를 하고 싶은 마음이 생기는 것은 영혼이 살아 있다는 증거라 볼 수 있다. 그러므로 무엇보다도 기도를 올바로 배워서 하나님이 기뻐하시는 기도를 해야 한다.

우리가 예수님의 제자라면, 예수님께서 가르쳐주신, 기도에 관심을 가져야 하며 주기도문을 해야 한다. 마틴 로이드존슨은 '주기도문은 완전한 기도이며, 주님께서 세상에 주신 선물이다.'라고 말했다. 아더핑크는 〈당신은 진짜 거듭 났는가〉에서 '주기도문은 시편의 축소판이다.'라고 이야기하고 있다.

예수님께서 가르쳐주신 주기도문은 '기도의 모범'으로써 다른 기도의 표준과 지침이 된다. 우리는 주기도문을 통해서 기도의 원리와 기도할 내용에 대해 배울 수 있다.

주기도문은 교회의 기도이며, 성도들의 기도이고, 하나님의 자녀들의 기도이다. 예수님께서 제자들에게 주기도문을 주신 목적은 '기도하는 방법'을 가르쳐 주시기 위함이다. 삶 자체를 기도에 맞게 실천하며 살라고, 조목조목 제목처럼 알려주신 것이다.

"너희는 이렇게 기도하라."(마6:9-13), "그리고 이렇게 살아라."(마6:14-15)

우리가 무엇을 기도하러 나왔는지 다 아신다고 하셨다. 우리의 마음과 생각중심을 다 알고 계시므로 하나님 앞에서 솔직한 기도를 해야 할 필요가 있다.

'하늘에 계신 우리 아버지'로 시작되는 하나님의 자녀로서 하나님께 초점을 맞추어야 한다. 기도는 하나님께 하는 것인데 사람을 의식하는 기도를 종종 볼 수 있는데 이런 기도를 하나님께서 기뻐하시지 않으신다.

하나님께서 기뻐하시며 예수님께서 우리에게 가르쳐주신 기도를 내가 바로 알고 기도하며 다른 사람에게도 올바른 기도를 할 수 있도록 하기 위하여 전국과 세계적으로 다닐 것이다.

자연치유 건강전문가로 활동하기

아름다운 인생을 위하여 행복의 문을 열어가고 있는 나는 꿈과 함께 날마다 건강하고 행복하다. 의식채널을 행복에 맞추고 있으니 몸이 아주 건강하여 젊은 사람들도 부러워할 정도이다.

꿈으로 만들어가는 나의 인생은 갈수록 더욱 아름다운 인생이 되어 가고 있으니 감사함이란 이루 말할 수 없다. 나는 인생의 꿈의 무대에 올라 행복의 주인공으로 멋지고 아름답게 살아 갈 것이다.

인생의 황금기는 바로 지금이다.

나의 미래는 꿈이 있기에 행복한 미래가 계속될 것이다.

꿈을 가진 자는 하늘이 주신 특별한 선물을 받아서 매일 매일을 살아간다.

우리는 작은 행복이 가져다 준 큰 기쁨을 누리며 살아가야 한다. 꿈을 이룬 자는 아름다운 귀향을 할 수 있다.

이제 평생 동안 나를 둘러싸고 있었던 울타리를 뛰어 넘어 바깥세상을 만끽하며 멋지게 살고 싶다.

지금까지 건강에 대한 공부를 쭉 하면서 많은 것을 배우게 되었고, 침과 부항, 뜸을 통하여 내 몸 역시 많이 좋아졌다.

30대 후반에서 40대 초반에는 여러 가지 질병으로 아주 많은 어려움을 겪었다. 지방간, 고지혈증, 고혈압과 이명도 있었다.

누워 있을 때는 천정이 빙글빙글 돌고 걸어 다니려면 술 취한 사람처럼 비틀거렸다. 머리카락 끝은 두 갈래로 갈라지고 귀에서는 소리도 났다.

그리하여 스포츠마사지, 발마사지, 이혈, 홍채, 웃음치료, 자연 치유를 공부하면서 약과 병원보다는 다른 방법으로 몸을 건강하게 만들어 가고 있다.

인간이 원래 가지고 있는 자연치유력은 대단하다. 120세 시대를 맞이하여 무병장수가 꿈이 된 지금, 많은 사람에게 보다 행복하고 건강하게 살 수 있도록 하여 풍요로운 삶으로 안내하는 것이 나의 또 다른 꿈이 되었다.

꿈은 주어지는 게 아니라 만들어 가는 것이다. 그러려면 건강이 진짜 스펙이라 볼 수 있다.

지금 70대에 들어서 살아가고 있는 나는 아주 건강하다. 머리는 염색을 하지 않아도 새치 정도로 흰머리가 가끔 있을 뿐 검은 머리 그대로이고 치아도 아주 튼튼해 모두 내 치아이다. 안경을 쓰지 않았지만 깨알처럼 아주 작은 글씨도 다 보인다.

간호사로 밤번을 하고 낮에 여러 가지 활동을 많이 해도 별로 피곤을 못 느낀다. 1주에 한 번은 기혈 치료를 통하여 몸의 뭉친 부분과 막힌 곳을 다 뚫어주며 치료를 받고 있다. 주 2회는 단전호흡 운동을 하고, 한의원에서는 예방차원으로 물리치료를 받고 침도 맞는다. 또한 여러 가지 몸에 필요한 건강기능식품을 먹어주며 관리를 잘해주니까 지금 내 건강나이는 40대 중반 정도이다.

내가 건강하지 않고는 남을 돌볼 수 없다. 50대 중반까지만 해도 내 건강에 신경을 쓰지 못했지만 지금은 열심히 건강을 챙기고 있다. 내가 건강해야 하는 이유는 가족과 이웃을 행복하게 하기 위해서다.

오래 살기만 한다고 좋은 것만은 아니다. 단순히 오래 사는 것이 아니라 주어진 수명대로, 병이나 노화로 고생하는 일 없이 최대한 질병이 없이 젊음을 유지하면서 살다가 자연스럽고 편안하게 죽음을 맞이하기를 원할 것이다.

질병에 걸리는 것은 사람 마음대로 되는 것이 아니다. 아무리 건강 관리를 잘해도 유전에 의해서도 올 수 있고, 환경에 의해서 올 때가 있다. 하지만 생활습관이 좋은 사람이 거의 건강하다고 볼 수 있다.

먹는 습관과 자는 습관, 또한 스트레스를 관리하는 법, 운동하는 모든 습관들이 현재의 몸을 만들어 놓은 것이다.

피로 후에는 충분히 쉬어주고 운동도 자신의 몸에 맞게 해주어야 하며 항상 긍정적인 생각으로 기쁘게 살아가야 한다. 생활습관이 장수를 결정하는 것이다.

자기 멋대로 아무렇게 살면서 무병장수를 바란다는 것은 있을 수 없는 일이다. 장수하면서 건강하게 살아가기를 원한다면 자신의 몸에 생길 수 있는 수많은 질병들을 미리 예방하는 것부터 시작되어야 한다.

건강은 건강할 때 지켜야 하고 내 병은 내가 고쳐야 한다.

내 몸 안에 주치의가 있다. 내 몸의 상태는 내가 가장 많이 알고 있는 것이다. 내 몸 안에서 보내주는 신호를 빨리 알아차려야 한다.

하루아침에 갑자기 오는 심장마비나 교통사고를 제외하고는 미리 우리에게 몇 차례의 신호를 보냈음에도 불구하고 자신의 몸을 돌보지 않았기 때문에 병이 오는 것이다.

우리에게 주어진 생명의 권한은 하나님께 있다. 따라서 마음과 몸을 잘 관리하고, 지나온 삶을 성찰하고 앞으로의 삶을 계획해야 한다.

꿈이 있어 그 꿈을 이루려고 활동하며 움직일 때 건강하다.

나도 꿈을 가지고 여러 가지 일을 바쁘게 하고 있기에 몸과 마음이 최상의 상태이다. 꿈을 바라보면서 기쁨과 열정으로 살아가는 오늘이 너무도 행복하다.

요즈음에는 매일 늘어나는 것이 요양병원이다. 우리 몸은 한 번 망가지면 회복하기가 아주 힘들다. 병원에 한 번 가게 되면 계속 입원해 있게 되고 그러다가 그곳에서 죽음을 맞이하게 된다.

질병으로 고통을 많이 당하는 어르신들을 보면 너무나 안타깝다.

이제 더 많은 책도 보고 공부하면서 자연노화치유를 통하여 건강 찾는 법을 실천하면서 전문가로 열심히 활동해 나갈 것이다.

공부를 하면 할수록 새롭게 깨닫는 것이 많이 있는데 그중에서 가장 고마움을 느껴야 하는 것이 자연이라 할 수 있다. 자연은 노화를 늦추고 우리를 동안으로 만들어줄 수 있다.

자연 치유력을 극대화시킨다면 훨씬 치료가 빠르게 될 것이다. 모든 약은 약인 동시에 독이 될 수 있어 지나치게 많이 먹게 되면 오히려 건강을 더 해칠 수도 있다.

병원은 응급 상황 시 생명을 살리기도 하고 좋은 상태로 회복시켜 주는 곳이기도 하지만 환자의 건강까지 책임지는 것은 아니다.

자신의 건강은 끊임없이 자신이 지켜나가야 한다. 건강관리를 지혜롭게 잘해나가야만 한다. 내 몸을 잘 아는 것이 자신이고, 몸을 위해 가장 많은 신경을 써야 하는 것도 결국은 자신인 것이다. 의사와 병원만 믿고 의지하기보다는 내 몸이 하는 말에 귀를 기울여야 한다.

병원의 의사는 건강을 유지할 수 있도록 의학적 지식으로 도와주기만 하는 것이며, 내 건강을 관리하고 그에 대한 책임을 져주는 것은 아니다.

우리 모두 각자가 내 몸에 필요한 만큼의 의학적 지식을 가져야 할 필요가 꼭 있는 것이다.

인간은 누구나 행복을 추구하며 살아가려 한다. 한 번뿐인 인생이니만큼 하고 싶은 일을 하며 살아가야 하는 것이다.

후회하지 않을 삶을 살아야 한다. 가치 있는 인생은 하고 싶은 일을 하며 사는 것이다. 우리의 삶은 너무나 귀한 것이며, 꿈을 이루기에는 시간이 많은 것이 아니고 너무나 짧다.

나는 50대 중반까지 꿈과 비전보다는 현실과 타협하며 살아왔다. 어느 누구보다도 열심히 배우고 도전하며 살아왔지만 이제 남은 인생을 여유 있게 누리면서 나누면서 살아갈 것이다.

일다운 일을 해야 한다. 남에게도, 나에게도 부끄러운 일을 해서는 안 된다. 의미와 가치를 부여하는 일, 영향력을 끼치는 일을 하면서 보람되게 인생을 살아갈 것이다. 나 자신만을 위해서 살지 않고 다른 사람에게도 관심을 갖고 섬기는 삶을 살기 위해 준비하고 있다.

나이는 숫자에 불구하다. 많은 사람들은 이제 모든 일을 정리할 때가 되었다고 한다. 하지만 나는 나이에 상관없이 꿈을 꾸고 있다. 어차피 한 번밖에 못사는 인생인데 나도 한번 멋있게 잘살아 보려고 꿈에 부풀어 있다.

세계를 이끌어가는 나만의 큰 꿈을 가지고 살고 있다. 나는 모든 사람이 닮고 싶어 하는 한 사람으로 살아갈 것이며, 많은 사람들의 롤 모델로 멘토가 되어 살아가기를 소망한다.

이제부터는 단 하루를 살아도 제대로 살고 싶다. 미래의 나에게 부끄럽지 않게 남을 사랑하면서 오늘 최선을 다하고 있다.

많은 이들에게 경험과 지식, 재능을 나누어주는 영향력 있는 메신 저로서 함께 꿈을 꾸며 함께 꿈을 이루어 나가면서 꿈 친구들과 남은 인생을 함께 하고 싶다.

다른 사람들을 기꺼이 도와주는 가치 있는 삶은 나의 또 다른 꿈이다.

베스트셀러 작가 되어
새로운 인생 살아가기

나는 반드시 성공할 것이다.

나에게는 신념, 용기, 열정이 넘쳐나고 있기 때문이다.

나는 새로운 일에 도전하기를 좋아하고, 무언가를 기획하는 일에 소질이 있다. 그리고 반짝이는 아이디어와 추진력이 남달리 뛰어나기도 하다. 오늘도 나는 또 새로운 나를 만나기 위해 새로운 도전을 꿈꾸고 있다.

단 한 번의 인생에 다음의 기회란 없다. 나는 일인자가 되고 말 거라는 신념을 가져야 한다. 그러기 위해 지금부터 무엇을 해야 하는지, 행동으로 옮겨야 한다.

꿈이 있고 하고자 하는 마음만 있으면 이루지 못할 것이 없다. 사람은 나이가 문제가 아니라 중요한 것은 마음가짐이다. 모든 일이 마음먹기에 달려 있다.

인간은 전혀 생각조차 못 했던 일들을 훌륭하게 이룰 수 있는 능력을 가지고 있다.

나는 사명을 이루기 위해 이 땅에 태어났거니와 인생이 끝나는 날까지 지치지 않고 행복을 느끼며 열정을 불사를 것이다.

내 꿈은 현재진행형이다. 내가 가진 꿈들 가운데 하나는 그동안의 내 경험과 지식과 노하우를 살려서 기업체, 기관이나 단체, 학교, 구청, 종합복지관, 평생교육원 등에서 강연을 하는 것이다. 자신감과 열정으로 가득 차 있기에 모든 일에 있어서 힘들고 어렵다기보다는 보람과 기쁨을 느끼고 있어 항상 행복하다.

나는 〈브랜딩 책쓰기 코칭협회〉의 조경애 소장님의 1일 특강에 참석하여 "누구나 작가가 될 수 있다. 성공해서 책을 쓰는 것이 아니라 책을 써야 보다 빠르게 성공할 수 있다."라는 말에 희망을 얻게 되었다.

책 쓰기 강의를 듣고서 많은 것을 배웠다.

과제물을 제출하여 소장님의 피드백을 통하여 제목과 장 제목, 꼭지 제목이 완성되었다. 강의를 계속 들어가며 초고를 쓰면서 컨설팅을 받았다. 그 결과 초고를 완성하고 탈고를 거쳐 마침내 나의 저서인 〈오직 나만의 꿈의 명작을 그리자〉가 출간되어 작가의 꿈을 이루게 되었다.

광화문 교보에 추천도서로, 강남 교보에 화제의 도서로 올라가 있고 책이 출간된 지 1개월도 안 되어 재인쇄가 들어가게 되었으니 놀

랄만한 일이다.

네이버와 다음에서 책명을 치면 기사가 다 올라와 있다. 책 쓰기가 바로 이런 것이었다. 단순히 작가가 되고 싶어 시작한 일이 과거의 나를 들여다볼 수 있게 해주었고, 현재 내가 어디에 서 있는지 파악하게 해주었다. 나아가 앞으로 내가 가야만 하는 길을 확실하게 알게 해주었다.

내 이름으로 된 책을 갖고 싶어 시작한 일이 나 자신의 행복은 물론이고 타인에게까지도 행복하게 해준 것이다. 또한 내가 살아 있는 이유와 가능성까지 확인하여 새로운 보람이 느껴져 정말로 최고의 행복을 누리고 있다.

책 쓰기를 통해 세상에 태어난 목적을 파악하고 매 순간 주어진 보물을 찾게 되어 너무 기쁘다. 앞으로도 많은 책을 계속 출간하는 작가로, 강연가로 남은 삶을 살아갈 것이다.

이제 베스트셀러 작가가 되어 새로운 인생을 아름답고 멋지게 살아가는 것을 꿈꾸고 있다.

강연 후 저자 사인회는 물론 내 책을 읽은 독자들로부터 이메일 펜 레터 받기, 세바시, 아침마당에 출연하기, C.T.S와 기독교방송에도 출연할 것을 기도하고 있다.

아름답게 피고 지는 꽃향기를 맡으며 많은 책을 읽어 수많은 저자들을 만나고 배우며, 꿈을 꾸며 살아가고 싶다. 때를 따라 열리는 과일을 바라보며, 텃밭을 일구며, 파란 잔디밭을 거닐고, 계곡에서 흐르는 물소리와 지저귀는 새소리가 듣고 싶어진다.

내가 원하는 책, 자연치유를 통하여 얻는 건강, 행복학, 성공학, 신앙에 대한 책들을 쓸 것이다. 수많은 독자들을 만나 미래의 멋진 인생을 나누고 싶다. 저자특강을 통해 행복과 성공, 건강과 꿈을 나누며 의미 있는 삶을 살아 갈 것이며 나의 가진 꿈을 시각화하고 있다.

꿈이 없이 현실만을 바라보며 살아왔기에 고달픈 삶 속에서 건강도 잃고, 피곤하고 지쳐 있는 사람들이 수없이 많이 있다. 그들을 위로하고 치유하는 생활건강관리사로 일하는 것을 생명이 다하는 순간까지 해나갈 것이다.

누구에게나 한 번뿐인 인생은 너무나 소중하다. 따라서 의미 있는 삶, 가슴 뛰는 삶을 살아가야 한다.

나는 자신감과 열정, 꿈과 희망을 갖고 있기에 인생이 누구보다 즐겁고 행복하다. 무엇보다 시간이 가면 갈수록 더 나은 내가 되리라는 확신에 내일이 기대된다. 꿈을 가지고 있어도 절박함으로 행동할 때만이 무엇이든지 이룰 수 있는 것이다.

간절함이 없는 사람은 성공할 수가 없다. 많은 사람들이 책 쓰기 코칭을 받으러 왔다가도 그냥 가는 이유는 간절함이 없기 때문이다.

도전했다가 포기하는 사람, 계속 머뭇거리고 망설이고 있는 사람을 보노라면 너무 안타깝기 그지없다.

책을 쓰고 있는 것인지, 포기를 한 것인지 알 수 없을 정도로 시간을 끌고 있는 사람이 많다는 것을 알게 되었다. 물론 책 쓰기가 쉬운 것은 아니지만 열심히 노력해서 안 될 것은 없다. 나 역시 '좋은 책을 써야 하는데 정말 잘 쓸 수 있을까?' 하고 쓸데없는 걱정을 하며 꼭지 제목까지 완성해놓고 많은 시간을 끌어 초고 쓰기를 시작했던 것이다.

나는 다른 사람과는 다르게 책을 꼭 쓴다고 마음을 먹었기에 초고를 선포하고 시작한 지 2개월 만에 글을 쓸 수 있었다.

손도 빠르지 않은 데다가 심혈을 기울여 열심히 쓴 꼭지가 저장을 잘못하여 10꼭지 이상이 날러가서 다시 몇 차례 쓴다는 것이 보통 어려운 것이 아니었다.

밤 근무가 끝나고 집에서 쉬어야 했음에도 불구하고 111년 만의 더위에 자리를 뜨지 않고 책을 집필한다는 것은 나만이 할 수 있는 일이 아니었나 하는 교만 내지는 건방진 생각도 하면서 뿌듯한 나머지 혼자 미소를 지을 때도 많았다.

나는 1년 전부터 책을 쓴다고 선포하고 목사님들과 기도를 같이 하기 시작했다. 많은 사람들에게 이야기를 한 이유는 내가 한 말에 책임을 지기 위해서였고, 무엇보다도 나와의 약속을 지키기 위함이었다. 또 만나는 사람마다 기도부탁을 하면서 책을 쓰고 있다고 알리면서 일부러 부담을 갖으려고 했다.

조경애 소장님과의 만남은 하나님의 계획 속에 있는 정말 축복된 만남이었다. 다른 곳에서 강의를 들었으면 책을 쓰지 못할 수도 있지 않았을까 하는 생각도 들었다. 책을 써도 이렇게까지는 못 썼을 것으로 판단이 되었고, 또한 출판사를 잘 만난 것도 하나님의 특별하신 은혜였고 사랑이었다.

〈오직 나만의 꿈의 명작을 그리자〉

'제목이 시적이고 너무 멋있다. 표지도 디자인이 아주 멋있고, 다른 책에 비해 고급스럽다. 책 내용도 쉽고, 재미있어 책을 손에 들으면 빠져들어 단숨에 읽어버렸고, 꿈을 다시 찾게 되었고, 도전을 많이 받고 인생을 다시 시작해보겠다.'

내 책을 읽어본 독자들의 서평이다.

지금도 많은 독자들로부터 전화가 계속 오고 있으며 사랑을 받고 있다.

잘 아는 사장님은 직원들 모두에게 읽히어 동기부여를 해야겠다고 100권씩이나 구입하시고, 어떤 목사님은 성도들에게 주는 선물로 너무 좋겠다고 기뻐하시는 것을 보면서 정말 작가로서의 행복을 느꼈다. 그리고 계속해서 좋은 책을 써야겠다는 생각을 하게 되었다. 앞으로 인터넷, 페이스북, 유튜브 등을 통해 국내는 물론 해외의 모든 사람들에게도 큰 호응을 받을 것으로 생각하니 기쁨이란 이루 말할 수 없다. 경험한 자만이 느끼게 될 것이다.

뜨거운 열정으로 반드시 내가 꿈을 꾸고 있는 아름다운 미래를 만들어 갈 것이다. 앞으로 많은 책을 쓰는 베스트셀러 작가로, 강연가로 새로운 인생을 살아 갈 것을 생각만 해도 아주 행복하다.

나의 인생의 황금기는 바로 지금이다. 미래의 삶을 그려가며 날마다 더해가는 축복을 누리고 있다.

언제나 꿈과 함께 살아가는, 꿈으로 사는 인생은 최고로 행복하다. 지나온 삶을 후회하지 않도록 멋지게 나이 들고 싶어 하는 사람들의 멘토가 되어 최후의 순간까지 꿈을 이루며 살아갈 것이다.

꿈을 이룬 자의 아름다운 귀향을 바라보며 더 높은 곳을 향하여 오늘도 꿈을 안고 출발하는 행복한 여행길이 되도록 기도로 시작한다.

꿈이 없으면 나도 없다. 꿈을 가진 자는 하늘이 주신 특별한 하나님의 선물이다. 꿈으로 사람을 살리고, 반드시 성공으로 이끌어 줄 것이다.

꿈과 함께 승리하는 인생으로, 최고의 삶을 영위하며 멋지게 살아갈 것이다.

미래는 기다리는 것이
아니라 창조하는 것이다

최원영

자기계발 작가, 언어학자, 유튜브 크리에이터

한국외국어대학교 불어교육과를 졸업하고 동대학원 불어불문학 석사학위를 취득, 프랑스 파리
10대학 (L'Universite de Nanterre)에서 언어학 박사수료과정(DEA)을 마쳤다.
대화법, 인간관계 유지법, 자기계발, 동기부여에 관한 영상을 제작하여 유튜브 채널 〈시너지라이
프 Synergy Life〉에 올리는 유튜브 크리에이터로 활동 중이다.

Email : alice0515@hanmail.net 〉

성공학 강사 되어 모교에서 강연하기

성공은 열심히 노력하며 기다리는 사람에게 찾아온다.
– 토마스 A. 에디슨

많은 사람들이 성공에 대한 열망을 품고 산다.

나 역시 성공에 대한 책을 읽고, 성공 스토리를 접하고, 성공에 대한 강의를 듣게 되면, 내면에 잠자고 있던 성공의 불씨에 불이 붙여져 내면의 열정이 분출하게 된다. 그러나 책을 읽고 강의를 들을 때는 '나도 성공해야지.', '나도 성공할 수 있어.'라고 다짐을 하지만 하루 이틀 지나면서 다짐은 온데간데없이 사라지고 다시 일상으로 돌아가기를 반복하는 경우가 대부분이다.

성공에 이르는 지름길은 없다고 했다.

노력과 행동을 통한 실천만이 성공으로 가는 길이다. 성공하기로 결심을 했으면 곧바로 행동과 실천이 뒤따라야 한다. 인생이 마음먹은 대로 되려면, 마음먹은 대로 행동을 해야 한다는 말이다.

성공한 사람들은 결심을 행동으로 옮겨서 이룬 결과이다.

가까이에 성공한 멘토가 있으면 성공으로 가는 골든티켓을 거머쥔 사람이지만, 보통은 책을 읽거나 강연 등을 통해 동기부여를 받고 성공한 사람들의 성공 노하우를 접하게 된다.

나는 성공에 관한 책을 꾸준히 읽어 왔고, 몇몇 세미나에 참석해 성공에 대한 열망을 키워 나갔다. 자기계발 세미나와 데일 카네기 성공프로그램에도 참여했고, 데일 카네기 프로그램 강의에서는 조교로도 활동했다.

NLPNeuro-linguistic Program 세미나도 3차례나 참여해 끊임없이 자신을 동기부여하며 성공을 향해 나아갔다.

성공에 대한 열망이 늘 가슴에 붉은 빛으로 타올라 그 열기가 스스로도 느껴졌고 다른 사람들에게도 전달되었는지 나에게서 열정이 느껴진다는 말을 자주 들었다.

《꼭 이루고 싶은 자신과의 약속, 버킷리스트》에서 "버킷리스트를 작성했던 학생들이 더 성공할 수 있었던 이유는 소망의 내용이 아니라 늘 무엇인가를 꿈꾸는 삶의 자세에 있었다."고 한다.

'설사 꿈을 이루지 못한다 해도, 꿈을 위해 노력하는 동안 더욱 풍요로운 삶을 살고 더욱 행복해질 것'이라고 버킷리스트를 작성했던 한 사람이 말했다.

나 또한 늘 무엇인가를 갈구하고, 무엇인가를 이루어 성공하고 싶다는 생각을 멈추지 않았지만 사업은 실패로 끝나고 말았다.

그러나 이제 그 무엇인가 길을 발견하게 되었고, 그 길을 찾느라 오랜 시간이 걸렸다. 비록 우회해서 왔을지언정 이제 성공의 길 위에 서 있음을 확신한다.

성공한 사람을 뽑으라 하면 대부분 빌 게이츠, 마윈, 페이스북의 최고 경영자 마크 저커버그처럼 누구나 아는 유명인을 지목할 것이다. 이들처럼 대성공을 이루어야만 진정한 성공이라고 여기는 경우가 많다.

그러나 꿈은 원대하게 가져야 하지만 처음부터 목표를 전 세계적으로 알려진 갑부들로 잡는다면 동기부여는커녕 자괴감마저 들 것이다. 자신과는 동떨어진 먼 이야기가 되어서 꿈을 쉽게 포기하게 된다.

비록 그들도 처음에는 미약하게 시작한 것을 알지만 현재 그들의 위치로 볼 때 자신의 성공 모델로 하기에는 무리가 있을 수 있다.

성공이란 각자의 위치에서 조금 더 나은 것을 추구하는 것부터 작은 성공이라 할 수 있다. 지금보다 한 단계 더 나은 삶, 한 단계 더 나은 성과, 이것이 진정한 성공일 수 있다.

꿈은 크게 갖되 한 단계의 과정마다 작은 성공을 축하하며 자신을 독려해야 한다. 그렇게 해야 포기하지 않게 되고, 작은 성공의 기쁨이 쌓여서 큰 성공에 이르게 된다. 밑바닥에서 단번에 산의 정상에 오를 수 있는 사람은 아무도 없다.

성공에 필요한 요소는 여러 가지가 있다. 그중에서 나는 열정과 절실함 두 가지를 들 것이다.

절실함은 열정을 불러일으킨다. 절실함이 없으면 성공하고자 하는 열정이 약해서 몇 번 시도하다 안 되면 쉽게 포기해 버린다. 현재의 절실함이 나를 일깨웠기에 다시 도전하게 해주었다.

늘 성공을 갈구하고 성공이란 단어를 가슴에 품고 살면서도 그저 막연히 '성공해야지.', '언젠가 성공할 거야.', '기회가 오면 해야지.' 하고 생각하며 그런 상태로 머물렀던 것은 절실함이 없기 때문이었다.

어쩌면 성공에 대한 열망이 스스로를 밑바닥의 절실함으로 내몰았는지도 모르겠다. 스스로를 벼랑 끝에 세워 도전 외에는 살아남을 길이 없게 만들었는지도 모른다.

《된다 된다 나는 된다》의 저자 니시다 후미오는 말했다.

"밑바닥 경험을 하지 않고 성공한 사람은 거의 없을 것이다. 진짜 성공을 이룩한 사람은 한 번쯤은 반드시 시련과 좌절을 겪은 사람들이다. 다만 그들은 밑바닥에 내동댕이쳐졌어도 '나는 운이 좋아.', '꿈은 반드시 실현될 수 있어.'라는 긍정적 생각을 품고 있는 사람들이다."

절실함 속에서는 내면의 응축된 힘이 나온다. '될까 안 될까.'를 의문할 여유도 없다. 그저 '하면 된다.'는 한 단어만 바라보며 밀고 나가는 것이다.

나는 책 쓰기 수업을 들을 때, 책을 쓸까 말까 혹은 과연 책을 쓸 수 있을까 하는 의구심은 품지 않았거니와 고민하지도 않았다.

살아남기 위한 생존 책 쓰기였기 때문에 고민할 여유가 없었고, 다만 어떤 책을 어떻게 쓸 것인가에만 집중되어 있었다.

절실함은 이처럼 앞으로 나아가게 하는 힘을 준다.

나는 '노세 노세 젊어서 노세.'라는 노랫말을 충실히 이행했다고 할 수 있을 것이다. 물론 그렇게 놀 수 있었던 환경에 감사하지만 20~30대 때 성공의 기반을 닦아 놓지 못한 것은 아쉬움으로 남는다.

젊어서 노는 것도 좋지만 성공의 길을 닦아 놓으면 미래에는 더 멋진 인생이 펼쳐질 것이기 때문이다.

젊은이들이 하는 일 없이 쓸모없는 일에 매달리거나, 그저 하루하루를 보내는 데에만 급급해서 도전도 꿈도 없이 아까운 시간을 낭비하는 것을 보면 안타깝다.

그리하여 모교 후배들에게 말하고 싶다.

"꿈이 없는 것보다 더 슬픈 것은 그 꿈을 이루려는 시도조차 하지 않는 것이다. 시도하지 않고는 아무것도 얻을 수 없다. 행동과 실천 없이 이루어지는 꿈은 없다. 자신의 꿈을 위해 투자하고, 끊임없이 자기 발전을 꾀하고, 좀 더 나은 미래를 만들어 가기 위해 노력해야 한다. 성공은 노력과 실천이 따를 때에만 주어지는 선물이다."

베스트셀러 작가되어 대형 서점에서
사인회 하기

책은 즐겨 읽었지만 책을 쓸 생각은 해본 적이 없었다.

책을 읽는다는 것과 책을 쓴다는 것은 별개의 문제라고 여겼다. 논문을 쓰기는 했었다. 석사논문, 박사수료과정 논문을 썼다.

그러나 지금 생각해 보니 글쓰기를 좋아했었다. 초등학교 때부터 시작한 일기 쓰기가 방학 때만 하는 숙제로 생각하지 않고 중학교 때까지 계속 써서 노트가 여러 권 있었던 기억이 난다.

그저 생각나는 대로 끼적거린 글은 지금도 1년이 넘는다.

그런 연유에서인지 책을 쓸 생각은 해본 적이 없지만 내면에서는 글을 좀 써봤다는 자신감이 있었던지 서점에서 우연히 접한《내 삶을 바꾸는 책 쓰기》를 읽고는 바로 책을 써야겠다는 맘을 먹었다. 그리고 곧바로 이 책의 저자인 조경애 소장님과 연락을 취해 책 쓰기 강의를 듣고는 막연히 어렵게만 알고 있던 책 쓰기가 의외로 쉬울 수도 있다는 생각이 들었다.

사실 책 제목 《내 삶을 바꾸는 책 쓰기》에서 나를 사로잡은 것은 '책 쓰기'가 아니라, '내 삶을 바꾸는'이라는 문구였다.

인생을 바꾸어야 했고 바꾸지 않을 수가 없었다. 현 상태를 유지하며 살아갈 수만은 없는 상황이었다.

잘못된 부동산 투자로 빚만 있는 상황에서 그저 직장 생활만으로는 빚만 갚는 데도 5~6년이 걸릴 것이고 이후, 다시 집을 마련해서 살아 갈 일이 막막했기 때문이다.

따라서 어떤 돌파구라도 찾아야 했다.

《내 삶을 바꾸는 책 쓰기》의 저자처럼 생존 책 쓰기를 해야겠다는 생각이 들었고 이제 희망이 보였다. 깜깜하기만 했던 미래에 그나마 희미한 빛을 찾을 수 있었다.

현대 사회를 사는 사람들은 각종 자격증, 학위, 어학연수 등으로 스펙 쌓기에 여념이 없다. 그래서인지 웬만큼 영어를 해서는 잘한다고 할 수도 없다. 해외를 다녀오고 해외에 거주했던 사람들이 많으니 더욱 그렇다.

또한 석사, 박사 학위도 넘쳐나고 있다.

나 역시 공부라면 어느 정도는 했다. 그러나 그 학위는 지금 일하고 생활하는 데 도움이 못 되고 있다. 현재 직장에서는 그저 대학 나온 정도만으로도 충분하고, 오히려 그 이상의 학력을 이력서에 쓴다는 것이 불리하다는 생각이 들어서 이력서는 대학 졸업까지만 썼다.

고학력의 학위가 사주에게는 부담일 수 있기 때문이다.

나는 불어를 10년 동안 공부했지만 이를 직업으로 활용한 것은 프랑스 문화원에서 몇 개월 강의한 것이 전부다.

이처럼 학위는 그에 들인 시간과 노력과 비용에 비해 얻어지는 가치가 너무 미미하다. 물론 대학 강의를 왜 안 하느냐고 물을 수 있지만, 대학 교수 되는 일이야말로 하늘의 별 따기만큼이나 어려운 현실이다.

학위 취득자들은 계속 늘어나고 있는데 강의할 자리는 한정되어 있기 때문이다.

저서는 자신의 존재를 알리는 것이다. 그 어떤 학위보다도 가치 있는 스펙이다. 개인 브랜드화 시대에 저서만큼 자신을 브랜드하기 좋은 방법은 없다. 책을 써서 자신의 이름이 알려지면 강연을 할 수 있고, 1인 기업가도 될 수 있다.

이제는 특정 몇몇 작가들만 책을 쓰는 시대가 아니다. 누구나 자신의 경험과 생각, 노하우가 있으면 그것을 책으로 엮어 낼 수 있다. 평범한 사람들도 자신의 이야기로 책을 써내고 있는 것이다.

나 역시 그동안 꾸준히 책을 읽어 왔다. 직장 생활하면서 출퇴근 시간을 활용해서 읽고 휴일에는 도서관에서 책을 빌려 읽고는 했다. 어떤 책은 서너 번씩 읽기도 했다. 그리하여 지금까지 자신만의 지적 충족과 자아성장과 발전을 위해 책을 읽었다면, 이제 부터는 그것들을 쏟아내려 한다.

책을 써서 그동안의 삶의 경험과 노하우, 성장 발전한 결과들을 이웃풋하려 한다.

저서를 통해 내 생각과 경험을 공유할 것이다. 저서는 자신의 존재를 알리고 스펙을 쌓는 데 그 어떤 학위나 자격증보다 더 효과적이다.

나는 파리 10대학에서 언어학 박사 수료과정을 마쳤다. 그리고 언어에 대한 공부를 하면서 언어가 주는 힘이 얼마나 강력한지를 알았다. 말 한마디는 자신을 그리고 타인을 망하게도 흥하게도 할 수 있다.

한글날 특집 프로그램인 MBC 방송의 〈말의 힘〉에서 '사랑해'와 '증오해'의 단어가 우리가 먹는 밥에 어떤 영향을 미치는지를 실험한 것이 있다.

두 유리병에 밥을 넣고 한쪽 병에는 '사랑해.'라고 쓰고 다른 병에는 '증오해.'라고 써서 붙여 놓고 1개월 이상을 그냥 두었다. 가끔 유리병 뚜껑을 열고 '사랑해.'가 쓰여 있는 밥에 '사랑해.'라고 말해주고, '증오해.'가 쓰여 있는 병의 밥에 '증오해.'라고 말했다.

이 실험을 직접 해보았더니 정말 놀라웠다.

1개월이 지나면서부터 '증오해.'의 밥은 정말로 까만 곰팡이가 피기 시작했다.

'사랑해.'의 밥은 곰팡이 없이 그대로 있었다.

밥이 베란다에서 50여 일이 넘도록 있었는데 '사랑해.'라는 단어

하나 써 붙였다고 곰팡이가 안 핀 것도 신기하다.

'사랑해.'와 '증오해.'를 붙여 놓은 대상이 가족, 친구, 연인 그리고 자기 자신이라면 어땠겠는가? 언어의 힘은 우리가 상상하는 것 그 이상이다.

언어의 중요성을 인식하고 나서, 언어가 우리 삶과 대인관계에 미치는 영향에 대한 책을 쓰고자 한다.

학교에서는 웅변, 글짓기, 논술은 가르치지만 자신을 위해 어떻게 언어를 사용해야 하는지, 타인과의 관계에서 어떻게 적절히 활용하는지를 배우지는 못했다. 정규학교 과정에서가 아닌 각자 개인이 배워 나가야 할 과목이 되어 버렸다. 그래서 사람들이 인간관계에서 대화의 기술에 목말라 하는 것 같다.

한 권의 책 출간으로 인생이 바뀌기는 쉽지 않겠지만 그것이 계기가 되어 인생이 바뀔 수는 있다. 그럴 것이라 믿고 있다. 성공에 대한 절실함이 책 쓰기로 이끌었다.

다양한 장르의 책을 쓸 것이다. 현재는 자기계발서 장르의 책을 쓰고 있다. 앞으로의 계획은 여행안내서와 산문도 쓸 계획이다. 해외여행을 하면서 체험한 것을 책으로 엮어 낼 것이다. 여행한 지역의 문화, 요리, 그곳 사람들의 생활 습관 등 다양한 정보를 제공하는 장르의 책을 쓰고자 한다. 시집도 내고 싶다.

베스트셀러 책은 그 시대의 독자들이 원하는 내용의 책일 것이다. 지금 쓰고 있는 책이 자기계발서이므로 독자들이 필요로 하고, 독자들에게 도움이 되는 책이어야 그들의 사랑을 받지 않겠는가? 그런

책이면 당연히 베스트셀러가 될 것이다.

한두 권의 책을 출간하는 것에 그치지 않고 꾸준히 평생 책을 써낼 것이다.

살아가는 동안 사람은 생각을 할 것이고, 어떤 것이든 경험을 하지 않겠는가? 그 것이 책의 주제가 될 것이다.

독자들의 사랑을 받는 책을 써서, 베스트셀러 작가가 되어 대형 서점 혹은 여타 강의실에서 저자 강연과 사인회를 할 것이다.

작가, 코치, 강연가로 메신저로의
삶을 살아가기

초등학교 시절 꿈을 적어낼 때 교사라고 썼던 기억이 난다.

시골에서는 농사를 지었기 때문에 직업이란 개념조차 없었고, 다만 최고 멋있어 보인 것이 교사였기 때문일 것이다. 비록 시골 학교였지만 공부를 곧잘 했으니까 교사가 되리라는 생각을 한 것 같았다.

헌데 부전공이 교육학이었던 터라 교생실습을 한 달 마치고 나서 교사의 꿈을 접고 말았다. 아무래도 학생들을 잘 다루지 못하는 것 같았기 때문이다.

그런데도 계속 공부를 하다 보니 자연스럽게 교육의 길로 들어서게 되었고, 학원에서 강의를 하고 학생들의 개인지도를 하게 되었다. 그러나 이는 단순히 생계 수단이었고 만족스럽지는 못했다.

그리하여 성공에 대한 열망으로 자기계발서를 읽고 자신에게 적용시켜 보기도 하며, 성공프로그램에도 참석하면서 자신을 성장시켜 나갔다.

책이나 세미나에서 배운 것을 자신의 자아성장과 발전에만 적용시키는 것인 줄로만 알았다.

10년을 배운 불어를 한국에서 제대로 사용해 돈을 벌어 보지를 못했어도 이렇게 위안하곤 했다.

'외국에서 생활하면서 겪은 경험만으로도 값지고 가치 있는 거야. 그것이 내 인생에 알게 모르게 도움이 되었어. 그것으로 충분해.'

따라서 배움만이 계속되었다.

그러다가 한 권의 책에서 뒤통수를 얻어맞은 듯한 경험을 했다.

바로 《배움을 돈으로 바꾸는 기술》이란 책이다. 배움이 그저 자신의 지식 충족으로 끝나지 않게 하고, 자신에게만 적용시킬 것이 아니라 공유하라는 것이다. 그것도 가치를 부여하여 돈으로 바꾸도록 한 것이다.

지식도 돈이 되고 경험도 돈이 되고 능력과 실력도 다 돈으로 바꿀 수 있다는 것이다. 결국 활용해서 가치를 부여하라는 얘기다.

그리하여 자신의 지식과 경험, 삶의 노하우를 사람들에게 전달하고 그 가치를 돈으로 받고, 그들도 원하는 삶을 살아가도록, 자신의 꿈을 이룰 수 있게 도와주는 메신저로서의 삶을 살기로 결심했다.

모든 것을 너무 돈으로 환산한다고 여길지 모르지만 돈을 주고 배워야 가치를 더 느끼게 된다는 것을 깨닫게 되었다.

예전에 참석했던 세미나에서, 몇몇 기업의 임원들이 회사에서 참가비 내주고 참석라고 하니까 그냥 별 생각 없이 와서 앉아 있는 경우를 종종 보았다.

자신이 간절히 원해서 듣는 것도 아니고 자신이 돈을 낸 것도 아니어서 그런지 별로 열의가 없어 보였고, 수업의 가치조차 소중히 느끼지 못하는 것 같았다.

따라서 얻고 느껴지는 것도 덜할 것이다. 그럼에도 그런 세미나들은 보통 몇백만 원씩 하는 세미나들이다.

그런 세미나에서 나는 필기도 안 한다. 그저 온몸과 온 마음으로 그 세미나에 집중해서 빠져 버린다. 학습으로 익히는 세미나가 아니고 몸과 마음으로 얻어가는 세미나이기 때문이다.

《백만장자 메신저》에서 브랜든 버처드는 "조직에 몸담지 않아도 된다. 대단히 뛰어나지 않아도 된다. 모든 것을 잘할 필요도 없다. 하찮게 생각해온 당신의 경험, 이야기, 메시지는 수많은 사람들이 목말라하는 가치다. 당신의 이야기는 당신이 생각하는 것보다 훨씬 더 어마어마한 가치를 갖고 있다."라고 말한다.

현재 나의 삶의 경험과 지혜를 영상으로 만들어서 〈시너지라이프〉라는 유튜브 채널에 올리고 있다. 사소할 수도 있지만 어떤 이에게는 귀한 정보가 되어서 그들의 삶에 도움이 될 수도 있고, 어떤 이에게는 동기부여가 되어 자신의 길을 찾게 되는 계기를 마련해 줄수도 있다. 나 역시 유튜브의 한 영상을 보고 동기부여를 받아서 유튜브를 시작했고, 유튜브를 통해 많은 정보를 얻고 있다.

'저런 방법이 있었구나.', '저런 생각으로 살아가는 사람도 있구나.', 이렇게 생각하면서 그들의 삶의 방향전환이 될 수도 있다.

이것이 메신저의 역할이다. 메신저는 1인 기업이다.

대성공을 거둔 사람들의 이야기만이 동기부여가 되는 것이 아니다. 자신과 비슷한 주변의 보통 사람들이 해내는 것을 보는 것이 더 큰 동기부여가 될 수도 있다.

삶이나 일에서 사람들에게 도움이 될 만한 정보를 가지고 있고, 다른 사람의 삶을 향상시키도록 돕는 일에 열정이 있으면 누구나 메신저가 될 수 있다. 사람들이 원하는 꿈을 실현시키는 데 도움이 되고, 더 나은 삶을 살아가도록 돕는 것이 메신저의 할 일이다. 그러므로 열정과 지식과 정보를 가지고 있으면 다양한 방법을 통해 메신저가 될 수 있다.

경험이나 전문 지식을 책으로 펴낸 작가로서의 메신저, 자신의 능력과 재능을 통해 가르치는 메신저, 자신의 재능으로 다른 사람의 삶이 향상되도록 도와주는 코칭으로서의 메신저 등 메신저의 형태는 다양하다.

현재 사회는 이런 메신저의 삶을 살아가기에 최적의 조건이 갖추어져 있다. 자신의 메시지를 전달할 수 있는 네트워크가 이미 잘 갖추어져 있기 때문이다.

페이스북, 인스타그램, 카카오 스토리와 SNS, 유튜브, 아프리카 티비, 네이버 티비, 팟 캐스트 등 1인 미디어 채널이 많다. 이처럼 다 준비된 네트워크에 자신의 이야기, 경험, 지식, 지혜를 공유하기만 하면 되는 이 시대를 살아감에 감사하다.

나는 현재 SNS와 유튜브를 통해서 이미 메신저로서 활동을 하고 있다. 또한 글을 쓰고 있고 곧 책이 출간되면 저자로서 강연가로서의 메신저의 길에도 합류할 것이다.

누구나 작든 크든 메신저가 될 수 있다. 그동안 겪은 삶의 경험들, 실패의 경험이든 성공의 경험이든, 그리고 삶의 지혜 나만의 독특한 삶의 방식들을 공유하는 메신저의 삶을 살아갈 것이다.

지금까지의 듣고 배우는 입장이었다면 이제부터는 강연가로 코치로서 메신저의 삶을 살아가려 한다. 작가로서 강연을 하고, 언어 코칭을 하는 메신저로의 삶, 그것이 나의 미래의 삶이다.

해외 다양한 도시에서
1개월씩 생활 체험하기

따사로운 햇살이 내려와 있고, 느슨한 주변과 여유로운 분위기의 카페에서 차를 마시며 행복한 미소를 짓고 있는 내 모습이 자주 그려지곤 한다. 유럽의 작은 도시에서…….

요즘 여행은 주로 사진을 찍으러 가는 것 같다.

한 친구가 유럽 여행을 다녀와서 보니 약 2천 장 정도의 사진을 찍었다고 한다.

나는 2천 장을 찍는 데 과연 시간이 얼마나 걸렸을까를 생각해 봤다. 낯선 곳에서의 설레임과 새로움에 대해 몸과 뇌가 느낄 시간도 없이 그저 여기저기서 사진 찍기 바빴으니 사진을 찍은 기억밖에 기억에 남는 것이 없지 않겠는가.

사진은 추억으로 남길 몇 장이면 족하지 않겠는가?

특히 요즘은 SNS에 사진 올리는 것이 핫 이슈이니 자신의 SNS에 올릴 사진을 찍으러 일부러 여행을 간다고 할 정도다.

나는 사진을 찍지 않은 지 몇 년째 되는 것 같다. 여행지에서 느껴지는 그대로, 그곳의 낯선 분위기, 새로운 광경, 주변의 소리에 자신을 그냥 내맡기는 것을 좋아한다. 너무 사진을 찍지 않으니 친구들과 여행할 때는 핀잔을 듣기도 한다.

그러고 보니 화제가 되었던 사진 한 장이 생각난다. 미국에서 한 연예인이 나타나자 모두들 사진을 찍느라 여념이 없을 때, 한 할머니만 휴대전화 없이 그 연예인을 보고 있는 장면이었다.

나는 잠깐 스쳐서 씽 하고 지나가는 여행이 아닌 그곳에서의 삶을 체험하려 한다. 바쁜 여행 스케줄에 따라 움직이는 관광이 아닌, 유럽 작은 도시에서의 삶을 체험하고 싶다.

큰 도시에서의 삶은 어디나 바쁘다. 파리에서 3년 동안 유학생활을 하면서 지방은 여행만 몇 번 갔었지 그들의 생활을 체험해 보지는 못했다.

그들의 일상은 어떤지, 어떤 대화를 주고받는지, 집에서는 어떤 음식을 해먹고, 가족들과는 어떻게 지내는지 그들의 삶의 느껴보고 싶다.

여행했던 곳 중에 기억에 남는 도시는 큰 도시들이 아니라 작고 예쁜 도시들이었다. 스페인 일주를 했을 때도 마드리드나 바르셀로나보다는 론도라는 작은 바닷가 마을이 기억에 난다. <꽃보다 할배>에서 나왔던 지명이라서 도시명 정도는 아는 사람들이 꽤 있다. 집들 사이의 작은 골목길이 지금도 눈에 선하다.

기억에 남는 여행지가 어디였느냐고 물으면 서슴없이 대답하는 장면이 있다. 도시 이름이 기억 안 날 정도로 작은 도시가 아닌 완전 시골이었다고 해야 맞을 것이다.

숙소 테라스 아래로 끝도 없이 올리브 밭이 펼쳐져 있었다.

그 테라스에서 마시던 맥주와 그곳에서 직접 담근 올리브 절임은 지금도 그 맛이 기억날 정도로 맛있었다.

마을의 작은 광장에서 만난 10대 후반의 청년들은 소를 키운다고 했다. 정말 경험하기 어려운 스페인의 시골 풍경이었다.

그냥 스치면 '아, 멋있다.' 정도의 느낌밖에는 없었을 텐데 그곳에 체류했기 때문에 얻게 된 값진 추억이다.

이탈이아 여행 때도 유적지가 있는 로마나, 화려한 물의 도시 베네치아보다 고풍스럽고 조용한 피렌체가 멋있게 기억된다.

나는 이제 우선 프랑스의 소도시를 출발점으로 해서 유럽의 작은 도시에서 1개월씩 살면서 그들의 생활과 문화 음식을 체험해 보려고 한다.

요즘은 해외 각 나라에서 1개월씩 살아보기의 꿈을 꾸는 사람들이 적지 않다거니와 지금 실천하고 있는 사람들도 있다.

숙박은 민박을 해야 그들의 삶의 모습을 제대로 알고 체험할 수 있을 것이다. 프랑스를 먼저 선택한 것은 아무래도 불어로 소통이 가능할 것이기 때문이다.

라벤더 향기가 만발할 6월에는 프랑스의 남쪽 프로방스에서 1개월을 살 것이다. 끝도 없이 펼쳐진 라벤더 밭의 사진만 봐도 설렌다.

벌써 라벤더 향이 이곳까지 느껴진다.

영국과 가깝게 있는 노르망디 지방도 예쁘다. 친구 결혼식 때 가본 곳인데 우리나라 시골과 비슷했다. 우리가 논밭을 일구듯, 그들은 소를 키우고 치즈를 만드는 업을 주로 하고 있었다.

친구의 시댁에서 하루를 묵었는데 우리나라의 시골집을 보는 듯했다. 가족 중 누군가 수학여행 다녀와서 선물로 사온 듯한 기념품도 있는 걸 보고 미소가 절로 나왔다.

여행 책에서 본 발칸 반도의 작은 나라 몬테네그로에서도 살 것이다. 그 도시의 삶의 모토가 정말 마음에 든다. 그들의 여유와 삶을 즐기는 지혜를 배우고 싶다.

《그 어느 곳보다, 몬테네그로》 백승선 여행 에세이에서 몬테네그로인들의 십계명 중 몇 개 올려본다.

＊ 사람은 피곤한 상태로 태어나서 휴식하기 위해 산다.

＊ 일하지 마라. 일은 목숨을 빼앗는다.

＊ 최대한 조금 일하고 가능한 한 남에게 일을 떠넘겨라.

＊ 그늘에서 쉬는 것은 구원이다. 휴식하다 죽은 사람은 없다.

＊ 갑자기 일하고 싶어진다면 일단 앉아라. 그리고 그 감정이 지나갈 때까지 기다려라.

이러한 이들의 생활을 알고 그들의 삶의 여유를 느끼려면, 하루이틀의 관광만으로는 느끼기가 어렵다. 그들과 같이 생활하고 그들과 같이 식사하면서, 얘기를 나누어 봐야 알 수 있는 것이다.

멋지고 신기한 경치나 관광명소도 좋지만 나는 사람이 좋다. 사람과 함께 같이 해 나갈 수 있는 삶을 경험하고 싶은 것이다.

지금도 여행 정보를 통해서 체류할 도시 목록을 작성하고 있다.

이 꿈은 머지않아 이루어질 것 같다. 1년 후부터 시작할 계획이다. 1년에 2~3도시에 머물 것이다.

새로운 미래에 벌써 가슴이 뛴다.

자연과 어우러진 전원주택에서 살기

바스락 바스락 가을 낙엽이 바람에 쏠리는 소리는, 어려서 들었던 소리이다. 아직도 귀에 들리는 듯 기억 속에 새겨져 있다.

나는 논 밭 건너 띄엄띄엄 집 한 채씩 있던 작은 마을에서 자랐다.

학교에 다녀와서는 가방을 내팽개치고 산에 가서 실컷 놀다가 저녁 즈음 멀리서 내 이름 부르는 소리가 들려야 집에 가곤 했다.

어린 걸음으로 한 시간 가까이 걸어가야 하는 곳에 학교가 있었다. 오가는 동안 계절마다 온갖 꽃들을 보고 새소리를 들으면서 다녔다. 자동차가 지나가면 손을 흔들어 줄 정도로 차를 보기가 귀했던 시골이었다. 말 그대로 공기 좋고 물 좋고 사람 좋은 자연 속에서 살았다.

정서적 발달에 중요한 시기인 10대를 시골에서 자란 것에 늘 감사했다. 지금도 여전히 고향집에 가족들이 살고 있어서 언제든 가면

반겨주니 더욱 감사하다.

누구나 자연과 함께 하기를 좋아한다. 그래서 도시에 살면서도 산으로 계곡으로 자연을 찾아 도시의 건조함을 촉촉이 채우려 한다.

도시에서는 아파트 생활이 편리해서 살고 있지만, 마음 한편에서는 자연 속에서 흙을 느끼며 살기를 원한다. 인터넷에서 전원주택 소식을 접하거나 예쁜 전원주택 사진이 있으면 캡처해서 나중에 내 집은 이렇게 지어야지 하고 사진을 모아 두었다.

지금도 기억 속에 사진보다도 더 선명하게 남아 있는 TV 영상이 있다.

어느 작가의 시골집이었다. 격자 창문 안으로 봄꽃이며 나뭇가지가 들어와 있는 장면이다. 그때 아름다운 느낌이 어찌나 강렬하게 뇌리에 남아 있는지 전원주택 생각을 할 때마다 떠오른다.

뒷밭에는 계절별로 따 먹을 수 있는 과일 나무를 심고, 꽃나무들로 울타리를 삼는다. 그리고 텃밭에는 채소를 심어서 싱싱함 그대로를 먹고 싶다.

사람은 자연 속에서 편안함과 안정감을 느끼고, 삶의 에너지를 충전한다. 도시의 고단한 삶을 자연 속에서 치유한다.

산책이란 단어가 사치스럽게 들리던 때부터 나는 산책을 즐겼다. 나무 몇 그루 있는 작은 공원이라도 걸을 수 있는 공간만 있으면 산책에 나선다. 양재천변, 올림픽공원, 뒷동산, 집 주변의 공원 등, 특히 요즘 자전거 도로는 좋은 산책 코스다. 잘 정돈되어 있고 경치도 좋은 곳이 많다.

나는 템플 스테이를 가끔 한다. 혼자 있는 시간을 갖는 것이 주목적이지만, 산책코스가 좋은 사찰은 다시 가고 싶어진다.

합천의 해인사는 산책하기에 정말 좋다. 큰 절이 품고 있는 암자가 여러 개 있어서 그 암자로 가는 길만 다녀도 훌륭한 산책로다. 종교가 불교는 아니지만 마음 수양과 힐링을 하기엔 템플 스테이만한 게 없는 것 같다. 평안하고 조용하고 아무 잡음 없는 자연 속에 머물러 있는 것이 좋다.

한 세미나에서 가장 행복했던 순간을 떠올리라 했을 때, 해인사에 머물면서 산책했던 장면이 떠올랐다. 새소리가 맑게 울리고, 잣나무가 몇 그루 솟아 있는 작은 오솔길, 호젓한 그 흙길을 아무 생각 없이 느릿느릿 걷고 있을 때의 행복감…….

지금도 틈만 나면 산책을 즐긴다. 새벽에 하기도 하고, 저녁 먹고 나서 소화 시킬 겸 하기도 한다. 그저 조용히 자연 속에서 오롯이 나와 마주하는 시간을 즐기는 것이다.

전원주택 주변에 산책로를 만들 것이다. 자주 걸어 다니다 보면 저절로 산책로가 만들어질 것이다. 나무와 인사하고 새들과 얘기를 나누고 꽃과 풀에게 미소 지으며 걷다 보면, 그들이 나를 반기어 길을 내줄 것이다. 아무 생각 없이 산책을 즐기는 것이다.

전북 부안의 내소사에서 템플 스테이할 때 한 스님이 말씀하신 것처럼, 아무 생각 없이 무념무상으로 걷는 것이다.

절에서 포행이란 말이 있다. 걸으면서 참선한다는 뜻이기도 하다.

요즘은 전원주택 단지가 많이 형성되어 있어서 전원주택을 갖는 것이 그다지 어렵지 않은 것 같다. 도심에서 그리 멀지 않은 곳에도 많이 있다.

도심에서 멀리 떨어진 곳에 사는 사람들이 생활의 불편함을 느낀다고 한다. 병원이나 문화시설이 부족하고 쇼핑할 곳이 마땅치 않기 때문이다. 따라서 도심에서 멀지 않은 곳에 작은 산자락 아래 있는 주택이면 좋겠다.

주거생활을 전원주택으로 옮기는 것도 좋지만, 직장이나 주 생활권이 도심이어서 전원주택에서의 이동거리가 길면 불편할 수 있다. 그리하여 지금은 도심의 아파트에서 생활하면서 세컨드 하우스로 자연 속에 집 한 채를 갖고 싶다.

주말에 자연 속을 거닐면서 생각을 하고, 정원에서는 생각을 비우고 멍하니 있거나 명상을 즐긴다. 어떤 마음과 몸의 구속 없이 자유롭게 자신을 내버려 두는 시간을 갖고 싶다.

아무 소리도 없는 아니, 밤새소리만 들리는 밤의 적막함도 즐기고자 한다.

지금도 가족들 모두 잠든 고요한 시간에 마음의 평안이 찾아온다. 그 속에서 진정한 몸과 마음의 자유가 느껴진다. 창문을 열어야 하는 여름밤이면 이런 고요함마저도 자동차 소리로 방해를 받는다.

나는 혼자 있는 시간을 유난히 즐긴다.

집에서는 TV, 손에서는 휴대전화가 떠나지 않는다. 음악을 듣고 영상을 보고, 잠시라도 뭐든 하지 않으면 불안해하는 우리들이다. 잠시만이라도 자신을 바라보고 자신의 생각이 무언지 들여다 볼 시간이 있는가?

자신을 대할 시간이 필요하다. 혼자 있을 시간과 공간이 필요하다. 자연과 함께라면 최상일 것이다.

자연과 어우러진 전원주택에서 조용히 책을 읽고 글을 쓰는 여유로움을 만끽하고 싶다.

봄에 새싹 한 잎 한 잎이 돋아나는 모습을 보며 자연의 경이로움을 느끼고, 여름 빗소리를 들으며 무념무상에 빠지고, 가을 낙엽의 고운 빛깔의 매력에 눈이 행복해지고, 산길에 소복하게 쌓인 눈을 뽀득 뽀득 밟으며 산책하고 싶다.

이미 이런 집을 가진 듯하다.

시작은 미약하나
그 끝은 창대하다

백석도

한국 청소년 멘토링연맹 멘토, 한중이혈요법학회 상담사, 동기 부여가,
자기계발 작가, 예수교 전도강사, 광안교회 담임목사.

저자는 하나님의 부르심을 받아 1988년 목회를 시작하면서 산본교회를 개척하고, 예수교 장로회
한국 총공회 양성원을 졸업했다.
남해 서상교회와 거제도 거천교회, 부산 영남교회를 거쳐 경기도 일산에서 일천교회를 두 번째로
개척했다. 거창 개명교회에서 시무하다가 지난 2006년 12월에 현재 광명시 광안교회로 부임하여
현재까지 약 31년간 목회에 전념하고 있다.

Email : gmghbsd@hanmail.net

최고의 명강사 되어 방송 메신저 되기

나는 4형제 중 막내로 태어났고 돌이 막 지나자 아버지가 돌아가셨다.

당시 나와 띠 동갑인, 12살 위인 큰 형이 있었고, 그 밑으로는 9살, 6살 위인 형들이 있었다. 누나도 하나 있었다고 하지만 어려서 홍역으로 죽었다고 한다. 따라서 나는 5남매 중 막내로 태어나고 얼마 지나지 않아 아버지가 돌아가셨기에 어머니와 할아버지, 그리고 세 형들이 있었던 것이다.

나는 채 돌이 막 지날 무렵이었기에 아버지 얼굴은 전혀 기억이 없다.

당시만 해도 해방직후 경제적으로 어려운 시대였고, 더구나 산골인 데다 큰형이라고 해봐야 겨우 14살밖에 되지 않았으니 노동력이 전혀 없는 가족들로만 구성되어 정말 찢어질 듯 가난하다는 말로밖에는 표현할 길이 없을 것이다.

물론 우리 식구가 아니라도 먹지 못해서 부황이 걸려 굶어 죽는 사람들도 속출하는 시기였다.

저 멀리 조그마한 봉답 두어 마지기 논뿐이라서 그야말로 하늘만 바라보고 비가 오기만을 기다리며 겨우 입에 풀칠이나 하면서 초근 목피로 연명하며 지내야만 하던 시대였다.

오래전 어머님께 들은 얘기이지만 지금 돌이켜 생각해도 절로 숙연해진다.

당시 이모님이 한 분 계셨는데 우리 집에서는 산길로 약 사십여 리 떨어진 동네에 살고 계셨지만 그런 대로 입에 풀칠은 하고 사신 것 같았다.

한겨울이 되어 먹을 것이 떨어지자 어머니는 그 엄동설한에 갓난 아이를 업고 이모님 댁에 도착해 아이를 내려놓으니 이미 **빳빳하게** 굳어 있었다.

그러나 밤이기도 하고 날이 밝는 대로 대충 산에다 묻고 가려고 윗목에다 밀쳐놓고 자는데 바스락 바스락 소리가 나서 보니 아직 아이가 죽지 않고 입을 오므리기에 젖을 물리니 간신히 젖을 **빨더라고** 했다.

그 갓난아이가 바로 필자였으니 그 어려운 가운데서 오늘까지 살아남은 것이 참으로 기적이 아닐까 싶다.

정말 기적이라고 할 것이다. 이후 나는 항상 죽음과 삶의 경계를 반복하면서 지내 왔다. 그렇다고 병원을 가본 적은 거의 **없다**. 너무

가난해서 병원에 갈 형편이 못 되었던 것이다.

돈도 돈이려니와 약 9키로 정도 되는 거창읍까지 가야 했으니 아파도 그저 그대로 참고 견디다가 죽어도 할 수 없고, 살면 사는 것으로 치부하며 살아왔던 것이다

내가 살던 곳은 백씨 집성촌으로 약 200여 호의 마을에 타성은 2~3가구 정도였다.

마을 어른들은 철저히 봉건주의 사상에 물들어 양반이며 상놈을 따졌고, 소위 양반이란 사람들은 얼마나 허세를 부리며 사는지, 가난한 사람은 아예 발붙일 곳도 없이 어렵게 살아 가다가, 그나마 새마을운동으로 사는 형편이 조금씩 나아지기 시작했던 것이다.

그 즈음 나름대로 생각해 보니 그런 농촌에서 이렇게 계속해서 살아봐야 별 희망이 보이지를 않았다. 그리하여 초등학교를 졸업하고 합천 어느 도자기 공장에 가서 도자기 굽는 잡일을 조금 했지만 몸은 약한 데다 일이 너무 힘들어 여러 번 코피를 쏟고, 약 한 달 정도 일하다 그만두고 말았다.

이후 아는 사람의 소개로 부산으로 가서 식당에 취직을 하게 되었다. 먼저 서빙 하는 것부터 시작해서 차츰 식당일을 배우게 되었고 머지않아 주방 일까지 배울 수 있었다.

그리고 조리사 면허제도가 생김에 따라 1968년도에는 조리사 면허증을 취득해 명실 공히 조리사로서 일하게 되었다.

그리고 군복무를 마치고는 형님 밑에서 시계기술과 금은 시공 및

안경 등의 기술을 몇 년간 배운 것이 내 삶에 큰 도움이 되었다.

하나님이 보실 때 모든 사람은 다 거짓되고 오직 하나님만이 참되시기 때문에 말씀도 하나님 말씀만이 참이시고 만고불변의 진리인 것이다. 이 진리만큼은 없앨 수도 변개시킬 수도 없는 것이다.

세상에 좋은 말들, 글들, 사상들도 많이 있겠지만 다른 그 무엇이나 진리와 비교 될 수가 없는 것이다. 물론 다른 것들도 그 나름대로의 가치는 있을 것이다. 그러나 진리는 아니며 오직 진리는 '하나님 말씀' 하나뿐이다.

나는 죽음의 문턱을 몇 번씩이나 넘나들면서도 하나님의 은혜로 살아났고 이제는 건강하게 지내며 잘살고 있다. 그래서 생각하기를 산 자가 해야 할 일이 무엇이겠는가? '나도 은혜에 보답을 해야겠다.'는 것이었다.

그것이 바로 내가 받은 사랑과 은혜를 널리 전하는 것이리라. 방송 메신저로서 사람을 살리는 일이 가장 가치 있는 일이며 나의 꿈이다.

나도 어려울 때가 많이 있었다. 왜 나는 하는 일마다 이렇게 안 되는가? 왜 나에게 감당하기 어려운 일만 닥치는가? '이렇게 사느니 차라리 죽는 것이 더 편하겠다.'고 하면서 자살까지 생각했던 시절이 있었다.

그렇게 어려울 때 나를 살려주신 분이 바로 하나님이시다.

나는 어려서부터 교회를 다녔다. 그러나 하나님을 만나지를 못하고 그저 우리 집 바로 옆이 교회이니까 집사님의 권유로 교회를 다니다가 나가지 못할 형편이 되면 그만 다니고, 가고 싶으면 좀 나갔다가 하는, 아무런 믿음도 없는 그저 그런 형식적인 교인이었다.

그러나 죽을 만큼 절박한 현실에 부딪혔을 때 하나님께 절실히 기도하게 되었고, 그 부르짖음에 응답해 주셔서 인격적인 하나님을 만나게 되었다.

부활의 주님을 만나고, 나의 주인을 만나고부터는, 내가 나의 주인이 아니고 내 주인은 바로 예수님이라는 것을 깨닫고 모든 것을 주인이신 예수님에게 맡기고 나니, 그렇게 나를 억누르고 있던 무거운 짐을 다 벗은 해방감에 날아갈 것만 같았다.

물론 지금 내가 하는 일도 나름대로 자부심을 가지고 있지만 더 넓게, 더 멀리, 더 많이 증거하고픈 마음뿐이다.

남은 생을 할 수만 있으면 더 많이 하나님과 연결시켜 나와 같이 죽어가던 인생이 새 삶을 얻어 신나는 인생을 살아 갈 수 있도록 돕고 싶다.

나 한 사람으로 말미암아 몇 명의 영혼이 살아났는지 헤아릴 수는 없지만, 이것은 정말 가치 있는 일이며 신나는 일이다.

다시 태어나도 나는 역시 이 일을 할 것이다.

우리는 일의 경중이나 성공 실패를 논하기 전에 먼저 이 일은 영원히 좋고 참으로 가치 있는 일인가, 그렇지 않으면 잠깐 보이다가 없어지는 안개 같은 일인지, 먼저 범사에 비교 비판해가면서 모든 일을 신중히 선택해야 할 것이다.

왜냐하면 자기의 영원한 생사, 화복, 흥망성쇠가 금세의 짧은 제세 기간에 달려 있고 기회를 놓치면 두 번 다시 돌아오지도 않고, 기다려 주지도 않기 때문이다.

인류 역사상 수많은 사람들이 왔다 갔고 수많은 사람들이 이 땅에 살고 있으면서 시대마다, 지역마다, 인종마다, 나름대로 '이것이 가치 있다.' 또는 '저것이 가치 있다.'고 하면서 그 가치들을 말했었고 지금도 수많은 가치관을 가지고 살고 있다.

사람들이 말하는 수억이 넘는 가치관들 중에 어느 것을 선택해서 살아야 할까? 그리하여 나는 하나님께서 말씀하신 것 중에 가장 좋은 것을 선택해서 살기로 작정했다.

하나님의 가치관은 둘뿐이다.

하나는 영생이요, 하나는 영원한 사망이다.

생명은 창조주 하나님과 연결이고, 사망은 하나님과 단절이다.

창조주 하나님과 연결된 삶을 살면 영원한 영생이고, 창조주 하나님을 배반하고, 그 피조물인 세상과 짝하여 살면서 그 사람이 온 천하를 다 얻었다 할지라도 그것은 실패인 것이다.

잠깐 보이다가 없어지는 안개며, 헛되고 헛된 일이기 때문이다.

최고의 성공학 강사로서
선한 영향력 행사하기

사실 세상에서는 나보다 더 위대하고 훌륭한 성공한 사람들이 많이 있다. 그런 사람들에 비해 비교도 안 되겠지만 나름대로 나의 삶을 뒤돌아보면 어떻게 나 같은 인간이 여기까지 오게 되었는지 이건 전적으로 '나'가 아니고 하나님의 은혜였다고 말하고 싶다.

나는 이미 죽어도 벌써 죽어 이 세상에는 없어야 할 사람인데 오늘 이 세상에 살아 있다는 것이 바로 이것이 기적이다.

성공의 잣대가 무엇일까?

가장 미천하고 부족하고 보잘 것 없던 나를 주의 종이란 멍에를 메워서 하나님께서 하시고 싶은 말씀을 나를 통해서 하게 하시고, 어떤 때는 한두 사람에게, 어떤 때는 수천 명의 청중 앞에서 가장 중요한 생명을 증거하게 하시니 누가 뭐라 해도 나는 최고로 성공한 사람이다.

그리하여 나를 통한 살아계신 하나님의 역사를 죽어가는 사람들에게 전달하여 선한 영향력을 끼쳐, 힘을 잃고 좌절하는 자는 힘을 얻게 하고, 자존감을 회복하여 살아갈 용기를 불러일으키는 강사가 되고 싶다.

사람은 누구나 자기가 가장 가치 있다고 생각되는 그 일을 계속하고 또 그 일을 보람되게 여기며 살아가고 있다. 물론 형편이 어려운 입장의 사람들은 자기 하고 싶은 일을 하지 못하고 의식주 때문에 원치 않는 일을 마지못해 하는 사람들도 있을 것이다.

필자는 인생 초반에 아무것도 모르는 채 의식주 해결이 안 되니 이 문제로 거의 세월을 보내고 인생의 중반인 40대가 되어 획기적인 사건을 통해 주님을 만나고 의식이 바뀌어 가치관이 달라지니 인생의 모든 계획표를 다시 짜야만 했다.

오직 의식주 해결을 위해 급급하며 살아 왔던 것 같다. 물론 그것도 중요하지만 그것이 내 인생의 삶에 최종 목적은 될 수 없다는 것을 늦게야 깨닫게 되었다.

하나님 즉 창조주 주권자 대주재이신 전지전능하신 하나님을 만난 이후에는 모든 사고와 시각이 달라지면서 어떻게 하면 하나님을 만나게 되고, 어떻게 하면 하나님이 기뻐하시고, 어떻게 하면 하나님께서 싫어하시는지를 살피게 되니 그 이전의 삶과는 판이하게 달라질 수밖에 없었다.

중세기 어느 수도원 원장이 많은 수도원생들 중에 유독 한 사람을 특별히 사랑했다. 다른 수도원생들은 원장이 차별을 한다고 투덜대며 그 수도원생을 미워했다.

그러던 어느날 원장은 모든 수도원생들에게 새를 한 마리씩 나누어 주면서 "아무도 없는 곳에서 죽여오라."고 했다.

얼마 후 모든 수도원생들이 새를 죽여 가지고 들어왔다. 그런데 맨 나중에 원장이 사랑하는 그 원생이 들어오는데 새를 죽이지 못하고 산 채로 가지고 왔다.

수도원생들은 그가 원장의 말씀에 불순종했다며 비난하고 바보같다며 힐난했다.

그러자 원장이 사랑하는 수도원생에게 물었다.

"자네는 왜 새를 죽여오지 아니 했는가?"

"원장님, 저는 아무도 안 보는 곳을 찾을 수가 없었습니다. 어디를 가도 하나님께서 저를 보고 계셔서 새를 죽일 수가 없었습니다."라고 대답을 했다.

그제야 원장은 다른 수도원생들에게 "이제 내가 이 사람을 특별히 사랑하는 이유를 알겠는가?" 하고 말했다.

이 사례와 같이 나 또한 이런 형편이 되니 모든 언행 심사가 하나님 중심이 되고, 하나님을 의식하고, 하나님께서 어떻게 생각하실까 생각하다 보니 인생의 삶의 이념이 완전히 달라졌다.

내가 운영하던 곳은 큰 기업체는 아니더라도 우리 가족들의 생계는 충분히 되고 돈을 모아가며 살아갈 수 있는 조그만 사업체였다.

당시 인천 도화동에서 시계점과 안경점, 금은보석을 취급했었다.

결혼 예물 손님들도 상당히 있었거니와 수입도 짭짤하였다.

당시 어느 성결교회에 나가면서 집사로서, 전도 부장도 하며 그런 대로 신앙생활을 하던 중이었는데 하나님의 큰 사랑과 은혜를 깨닫고는 하나님의 섭리라고 생각하여 인생의 터닝 포인트를 맞게 되었다. 그리하여 하루아침에 사업을 접고 신학공부를 시작하게 되었다.

그러나 당장은 어려움 없이 가는 것 같았지만 현실은 녹록치 않았다.

3명의 아이들이 초등학교에서 고등학교를 다니고 있었던 시기여서 사업을 접고 얼마 지나지 않아 돈이 없으니 우선 의식주도 문제지만 당장 세 자녀의 학비가 문제가 되었다.

그때부터는 정말 인생의 쓴맛을 좀 봐야만 했다. 그래도 사업장을 가지고 '사장님'이란 호칭을 들으며 잘 나가던 사람이었건만 신학공부를 하면서 돈을 벌기란 그리 쉽지가 않았다.

부평역 앞에서 시계를 몇 개 놓고 팔아 봐도 돈은 되지 않았고 빈손으로 들어오는 때가 더 많았다

그리하여 아는 분의 소개로 버스에서 물건을 파는 것이 자본은 조금 들이고 수입이 괜찮다고 하여 집사람도 함께 둘이서 각각 버스를 나누어 타고 바늘 세트며 고무장갑, 칫솔 등을 팔게 되었고 가방 하나만 들고 다니면 되었다.

어느 정도의 수입은 되었기에 몇 달 동안 했는데 한번은 버스를 타고 물건을 파는데 어떤 사람이 내 앞에 서더니 묻는 것이었다.

"아니 정금사 백 사장님 아니십니까? 아니 어떻게 하다 이 지경이 되었어요?" 하고 물었다.

그래서 "아닙니다, 망한 게 아니고 지금은 신학공부를 한다고 훈련 중입니다." 하고 대답을 했지만 믿어 주지 않아 내 마음이 좀 답답했던 경험이었고 그것이 내 미약한 시작이었던 것이다.

사실은 당시 물질적으로는 어려움을 당해도 마음은 항상 기쁘고 즐겁고 생기가 났다. 또한 앞으로 공부를 마치고 나면 나도 하나님의 종이 되어서 하나님의 일을 할 것을 생각하니 발걸음이 가벼워 날아다니는 것만 같았다.

처음 그렇게 시작한 첫걸음이 수천 명의 청중 앞에서 찬송 인도도 하고, 사회도 하고, 강의도 하고, 설교도 하는 목사로 성장하는 데는 그 여정이 순탄치만은 않았다.

그러나 항상 어려울 때마다 하나님의 돕는 손길을 경험하며 지금은 "이 모든 일은 하나님이 다하셨다." 하는 것을 입으로 시인하며 신나고 재미있게 목회를 하고 있다.

나는 지금 한국 청소년 멘토링 연맹의 멘토로서 잘하지는 못하지만 최선의 활동을 하고 있다. 처음에는 한국 청소년 육성연맹으로 시작했으나 지금은 이름을 바꾸어서 하고 있다.

2008년부터 지금까지 광명시내 약 30여 명의 목사님들이 주축이 되어 한 학교에 한 명의 멘토 즉 목사님들이 담당이 되어 광명시내 초, 중, 고등학교의 약 30여 개의 학교 학생들 중 형편이 어려운 학생들을 상대로 멘토링도 하며 또 물질적으로 돕기도 한다. 장학금도 주기도 하는데 처음은 잘해 나오다가 지금은 도움받기를 달갑지 않게 생각하는 학생들이 많아지면서 다소 소강상태이다.

이런 일들을 해볼 때 아무리 좋은 것이라도 상대방이 잘 이해하고 호감을 가지고 받아들이지 않으면 주고자 하는 편에서는 강제로 줄 수도 없는 어려움이 있다는 것을 알게 되었다.

사실상 할아버지뻘이나 되는 목사님들이었지만 당초 목사님이라는 말은 하지 못하고 그저 멘토로서 이야기를 들어 주면서 점점 그 가정의 형편을 알고 전반적으로 도움을 주고자 하는 것이 근본 취지였다.

나는 N 초등학교 장학 위원장직을 맡아서 지금까지 하고 있다.

한번은 형제가 같은 학교에 다니고 있는데 만나서 상담 중에 그 학생들의 어머니가 암에 걸려 병원에 입원해 계시고, 아버지는 어느 교회에 교육 전도사로 시무하며 가정에 형편이 썩 좋지 않다는 것을 알게 되었다.

그리하여 병문안도 가고 약간의 위로금도 전달해 주었다. 그리고 가정방문을 해보니 엄마 없는 가정이라 집안이 너무 안 좋아 보여서 동료 목사님들과 의논하여 기독교 방송국에 연락해서 방송을 부탁했더니 독지가들의 많은 도움을 받았다는 소문도 들었다.

그러고는 그 뒤 소문을 들으니 그 어머니는 돌아가시고, 아버지와 같이 다른 곳으로 이사를 했다는데 교회도 안 나가고 '신앙생활도 접었다.'는 말을 들었다.

따라서 그 후로는 그 일에 열정이 식어지면서 그 면으로 돕는 것보다 다른 면으로 사회적으로 봉사나 했으면 좋겠다고 생각을 해오다가 뭘 해야 참으로 가치 있는 일이 될까 하고 생각한 결과 '살려야겠다. 그래, 살리는 것이 가장 가치가 있는 일이 되겠다.'라고 생각했던 것이다.

사람은 세 가지 형태로 몸과, 마음과, 영이다.

몸을 살리고 몸의 병을 고치는 것은 병원에서 담당의사가 하면 치료되는 것이고, 자신의 분야에서 전문의사가 진단하고 치료하듯이, 영이 죽고 마음이 병든 사람을 치료하고 살리는 사람은 영적인 전문의사 곧 목사가 아니겠는가?

그리하여 우리 교회에서는 매주 수요일은 바로 영적으로 육적으로 살아나고 치료 받는 시간을 가지고 예배를 드리고 있다.

2014년 5월부터 시작한 것이 벌써 올해 5월이 되면 만 5년이 된다.

얼마나 하게 될까 염려하며 시작한 지가 엊그제 같은데 벌써 5년! 그동안 하나님께서 기뻐하시는 많은 증거들이 나타나고 있기에 그만두지 못하고 계속하고 있다.

처음 시작은 영적으로 병들고 죽어가는 심령들을 치료해 주고 살려주겠다고 시작했지만 육적으로 병든 자도 하나님이 치료해 주시고, 마음의 병들 또한 치료해 주시니, 영적으로 믿음이 없고, 연약한 믿음들이 살아나고 성장하는 것들을 볼 때 이 일을 계속하고 있다.

처음 12명으로 시작된 예배가 지금은 평균 50명~60명 정도 계속 모이고 있다. 많이 모일 때는 85명이나 되었다.

교단, 교파, 남녀노소, 지위고하를 막론하고 누구나 이 예배에 참석할 수 있다.

영국 교회를 성령의 불로 지피우기

2015년 CTS 방송국에서 실시하는 영국 기도 원정대에 참여해서 영국의 교회들을 둘러 볼 기회가 있었다. 약 2주간이 채 못 되는 기간이었지만 많은 것을 보고 느끼며 생각하는 시간이었다.

6월 24일부터 8박 10일의 일정으로 "영국 강단을 눈물로 적셔라." 는 타이틀을 가지고 영국 교회의 꺼져가는 성령의 불길을 다시 한번 한국교회의 기도로 지펴보고자 함이었다.

지금부터 약 140여 년 전에는 영국 국민 중 기독교인이 약 80~90%였지만 지금은 약 5% 정도라고 하니 가히 영국교회의 형편을 짐작할 만하다.

런던 근교 라우턴 지역에 거점을 두고 영국 교회들을 탐방하며 살펴본 것이다.

하나님께서 기회를 주신다면 만 분의 일이라도 빚을 갚는 심정으로 2015년 영국 기도 원정대에 합류하게 되어 탐방하게 되었는데 너무 가슴 아픈 현실에 놀라지 않을 수 없었다.

교회마다 예수님의 피가 흐르고 있고 하나님의 사랑이 넘치고 있는데 이게 웬일인가? 폐쇄된 교회가 너무 많고, 이단 교회나 이슬람 교회, 무슬림 등으로 바뀌었다. 심지어 술집이나 디스코장 등으로 바뀌었고, 교회가 아닌 전혀 다른 영업장으로 바뀌어져 있어서 너무 당황했다.

물론 해결은 쉽지 않겠지만 내 생각으로는 첫째 성령님이 교회를 떠난 것 같았다. 이것이 가장 큰 문제이고, 둘째는 성경에서 떠나 있어서 성경으로 돌아가야 한다는 것이다.

어느 나라 어느 지역 할 것 없이 진리는 하나이다.

성령 하나님이 떠나시면 곧 인본주의 사상으로 바뀌고 모든 것은 세상적으로, 물질적으로, 인간적으로 변하게 되어 있다.

하나님의 말씀과 기도로 거룩하여 짐이니라 말씀하신 대로 교회에 성령님을 모시고자 하면 첫째 기도의 불이 꺼지지 않아야 하고, 둘째는 성경을 상고하며 하나님의 뜻을 바로 찾아야 한다.

영국도 문제지만 우리나라도 제2의 영국이 될까 심히 염려스럽다.

조만간 한국의 교회들이 영국교회의 전철을 밟지 않을까 걱정이 된다. 어찌했든 교회는 모든 것이 성경이 기본인데 목회자도 성도들도 성경지식이 많지 않은 것 같다.

목회자는 성경을 적어도 100독 정도는 읽고, 성도는 20독 정도는 정독을 하게 되면 누가 뭐라고 해도 타 종교나 이단들이 와서 미혹

해도 현혹을 받지 않을 것이다.

나름대로 영국교회를 탐방해 보니 이 두 가지 문제점을 발견하게 되었다.

그리고 하나님께서 기회를 주신다면 영국에 가서 목회자를 대상으로 기도로 성령의 불을 지피고 올바른 성경 지식을 전하면 단번에 이루어지지는 않겠지만 점점 회복되지 않을까 생각을 해본다.

나도 이제는 이 세상의 삶이 얼마 남지 않았다는 것을 알고 있다. 남은 생을 어디다가 바칠 것인가 생각하다가 '살리는 것이 중요하다.'는 결론을 얻게 된 것이다.

생명은 창조주와 연결이 생명이고, 사망은 하나님 창조주와 단절이다.

우리나라에서 최초로 순교한 영국의 개신교 로버트 토마스 (1839~1866) 선교사의, 한 알의 밀알처럼 땅에 떨어져 죽음으로 한국의 많은 기독교인의 열매가 맺었을 뿐 아니라 지금도 열매를 맺고 있다고 생각하니 너무 고맙고 감사하기 이를 데가 없다.

영국의 웨일즈에서 어느 목사님의 가정에서 태어나 26세의 젊은 나이에 예수를 전하면 참수당한다는 위험을 무릅쓰고 고통의 땅 조선으로 향했다.

당시 조선에는 외세를 배격하던 군인들에 의해 배가 불이 붙어 타오르기 시작했다. 다급해진 토마스는 뱃머리로 올라가서 가지고 온 성경을 뿌리기 시작했다. 그러나 관심을 가지고 보는 사람은 없었고 결국 그는 마지막으로 성경 세 권을 가지고 뭍으로 올라와 자신을 죽이려고 하는 박춘권에게 주려 했지만 거절당하고, 옆에 있던 12살의 최치량에게 주며 최후의 기도를 드린 후 그 자리에서 목 베임을 받아 순교를 한 것이다.

성경을 받은 최치량은 겁이 나서 그 성경을 평양 영무지사 박영식에게 건네주었고, 박영식은 이 성경 3권을 가져가서 자기 집에 도배를 했다.

훗날 최치량은 박영식의 집을 구입해서 여관으로 사용했는데 선교사 마펫과 그래함 리가 복음을 전하기 위해 평양에 찾아와 최치량의 여관에 머물게 되었다. 그리고 얼마 후 최치량은 마펫으로부터 전도를 받아 예수를 믿고 세례를 받게 되니, 성경을 도배하였던 박영식도 감동을 받아 예수를 믿고 결국은 그의 집이 예배처소로 쓰임을 받게 되었는데 이것이 바로 평양의 최초 교회인 널다리 교회라고 한다.

토마스를 죽인 박춘권은 널다리 교회의 종소리를 들을 때마다 마음에 괴로움을 견딜 수 없어 마펫 선교사를 스스로 찾아와 참회를 하고 예수를 믿고 영주교회의 영수가 되어 평양땅 부흥에 헌신하였다고 한다.

널다리골 교회는 점점 성장하여 장대제 교회가 되고 이후 그 터 위에 더욱 큰 교회를 지었는데 그것이 바로 1907년 놀라운 평양 대부흥 운동이 일어났던 장대현 교회라고 한다.

1866년 대동강에서 순교한 한국 최초의 개신교 순교자 로버트 토마스(Robert Thomas 1839~1866)는 복음을 알지 못하는 조선인들을 향해 뜨거운 사랑과 열정을 가졌던 사람이었고, 죽음을 두려워하지 않고 담대히 복음을 전했던 것이다.

하나님께서는 결코 자신의 죽음을 헛되이 하지 않으실 것을 믿고 담대히 기쁨으로 순교한 사람, 그야말로 진정한 예수의 사람이요 진실한 크리스천이었다.

그 정신을 받고 싶고 그 신앙을 본받고 싶다.

전해들은 바는 토마스 선교사의 모교회 웨일즈 하노버 교회는 현재 나이 많은 두 부부만이 교회를 지키는 교인 전부라는 말을 들었다. 성도가 없다는 것이다.

열정적으로 신앙생활을 하며 선교사까지 파송했던 그의 모교회가 서서히 죽어가고 있는 것을 우리는 보고만 있을 것인가? 아니, 그 교회만이 아니고 영국의 모든 교회들이 거의 그런 사정이라는 것이다.

그리고 영국의 항구도시 플리모스에 위치한 포드 침례교회는 1620년에 영국 청교도들이 신앙의 자유를 찾아 메이플라워호를 타고 출항한 150여 년의 역사를 자랑하지만 이 교회 역시 성도가 여섯 명이거니와 그것도 나이 많은 사람들이란 말을 들은 적이 있다.

이렇게 열정적이었던 영국교회가 신앙의 잠이 들어 있어서 누군가가 이를 깨워야 할 형편이다. 그리하여 한국교회가 깨워 보겠다고 나선 것이라고 본다. 단번에 큰 기대는 할 수 없겠지만 계속하다 보면 하나님께서 해결해주시리라 믿는다.

토마스 선교사의 한국을 사랑한 그 사랑의 얼마라도 영국에 쏟아

붙는다면 될 수 있다고 생각한다.

　　예수를 믿지 않는 사람은 예수를 믿고 구원받아 하나님과 연결된 하나님의 아들 되는 것이고, 이미 예수를 믿고 죄 사함받아 천국시민으로 하나님의 아들 된 사람은 점점 알곡 성도가 되어지는 이것이 살리는 길인 줄 알고 지금까지 해오고 있다.　앞으로 하나님께서 허락하신 기회만큼 이일을 하는 것을 내 사명으로 알고 계속하다 가고 싶은 것이다.

　　예수님의 피가 우리 가슴에 흐르고 있고, 로버트 토마스(Robert Thomas 1839~1866) 선교사의 피가 살아서 우리들의 가슴에 분명히 역사하고 있지 않은가?

　　영국에 목회자 양성원을 세우고 목회자를 중심으로 기도하고 재교육을 시켜 다시 한번 부흥의 불을 지피는 것이 나의 꿈이요 하나님 앞에서도 해야 할 과제이고, 사람 앞에서도 빚을 갚는 일이 될 것이기에 이일을 목표로 삼고 그날을 기대하며 꿈꾸고 있다.

　　기도하고 있고 또 하나님의 뜻이면 하나님께서 잘해주실 줄 믿는다.

기독교 사회적 기업체 만들기

　아주 미약하게 출발한 나의 인생의 여정이 이제 황혼기라고 할 수 있는 나이지만 지금도 나의 속에는 불같은 열정이 있다. 꿈이 살아 있다는 증거이다.

　만나는 사람마다 내 나이로 보는 사람은 거의 없다. 항상 긍정적인 마인드로 큰 꿈이 있는 것은 바로 하나님 때문이다.

　나는 '하나님이 나와 함께 하신다.'는 확실한 믿음이 있다. 나는 아직도 할 일이 많이 있다.

　지금까지 74년을 살아오면서 크고 작은 많은 일들이 있었지만 그중에 죽음이라는 큰 문제가 다섯 번이나 있었다.

　첫 번째는 어릴 때 나도 모르는 얼어 죽을 죽음의 고비가 있었고, 두 번째는 연탄가스를 마시고 병원에 실려 가서 죽음의 고비를 넘겼다.

세 번째는 나와 아내가 오토바이를 타고 심방하고 집으로 오는 길에 만취한 자의 과속운전 차량에 받쳐서 약 8미터의 벼랑으로 떨어졌으나 죽음의 고비를 넘겼고, 네 번째는 아무도 없는 산에 기도를 갔는데 너무 독한 감기약을 먹고 실신해서 쓰러져 죽음의 고비를 넘겼고, 마지막으로는 내가 손수 운전해 가던 차가 교통사고를 당해 거꾸로 뒤집어진 채 밑으로는 약 20미터의 낭떠러지였거니와, 차는 불이 붙어있고, 타고 있던 7명이 모두 정신을 잃었지만, 이런 영화 같은 상황에서도 기적같이 살아남았던 것이다.

이런 극한 상황에서도 다섯 번씩이나 나를 살려 주신 것은 하나님께서 아직은 이 땅에서 할 일이 있어서 살려 주신 줄을 알고 지금도 감사하게 생각하며 하루하루 일하고 있다.

나는 하나님께서 미리 준비해 주신 그릇이라고 확실히 믿는다.

이를 증명이라도 하듯 농촌의 교회에 있었을 때 국화를 키우고 재배하는 것을 보고 배워서 실습을 해본 결과 가능성이 있다고 확신한다.

아내는 전형적인 농부의 딸로 태어났고 아버지가 몸이 좋지 않은 관계로 농사일을 도맡아 했고, 그 농사일의 경험을 살려서 나와 합작으로 국화 재배를 실험적으로 해봤던 것이다. 화분 약 300여 개를 준비해서 있는 대로 다하게 되었다.

이것이 얼마나 잘되었는지 내가 아는 교회, 또는 모르는 교회 등 약 100여 개의 교회에 강단용으로 한 교회에 2개씩 전달해 준 일이 있다.

지인들에게도 선물을 많이 했는데 이구동성으로 꽃집에서 산 것보다 훨씬 더 싱싱하고 잘 키웠다는 평을 받기도 했다.

이 기술의 핵심은 국화를 건강하게 잘 키우는 것인데 역시 액비이다. 이것을 나와 아내가 같이 개발했는데 이건 아무도 모방할 수 없을 것이다.

그리고 국화 국전에 나갈 수 있도록 손질하는 작업이다. 이것도 시기를 잘 맞추어야 한다.

이런 획기적인 사업들은 경제적으로도 도움이 되겠지만 특히 정서적으로도 매우 좋다.

이런 기술은 살아 있을 때 반드시 전수를 해주고 가고 싶다. 내가 전수해주지 않고 떠나면 그대로 기술도 매장되는 것이다.

나는 이제 74세의 나이거니와 언제 하나님 나라에 갈지 알지 못한다.

따라서 이 사업을 해서 자급자족뿐 아니라 국화의 꽃바람을 복음과 함께 전하자는 것이다. 기술도 전수해서 자립할 수 있도록 하고, 신앙생활 역시 제대로 된 복음을 가르치고 배우는 삶의 터전을 만들어 주는 사업을 꼭 해보고 싶다. 이런 모든 것은 무료로 보급하고자 한다.

내가 거저 받았으니 나도 거저 주고자 하는 것이다.

요즘 일자리 구하기도 힘들 때가 아닌가? 젊은이들이 여기에 동참하게 되면 일석 삼조의 효과가 있다.

유휴지 즉 노는 땅이 많이 있고 이런 땅을 빌려서 경제적으로 어려운 교회들이 여기 동참해서 마음과 뜻을 합하여 기도하며 사업을 하면 하나님께도 영광이 되지 않을까 싶다.

현재 우리 교회에서 매주 수요일 전도 집회를 하는데 인근 지역에 독거노인들, 병들고 소외된 어르신들, 종교나 교파 등을 초월해서 약 50명~60명의 사람들이 모인다.

여기에는 기존에 믿는 사람도 있고, 전혀 교회 이름도 모르는 사람도 있다. 60년을 절에 다녔던 불교인도 있다.

이분은 자기 친정어머니 때부터 절에 다니며 자기 가족 모두 절에다 이름을 올려놓고 봉양하며 시주했던 철저한 불교신자였지만 이 예배에 참석하고는 "예수가 하나님이시니 모든 사람이 반드시 믿기는 믿어야 되겠네."라고 하시며 계속 참석하고 있다

한 번만 참석한 사람도 있고 여러 번 참석한 사람도 있는데, 이 일을 2014년부터 2018년 말 현재까지 240회(약 4년 반)모임을 가졌는데 여기에 한 번도 빠진 적이 없는데 이것이 바로 식혜다.

이 식혜를 맛본 사람은 이런 식혜 맛은 처음이라며 감탄을 한다.

그래서 이 식혜의 식품허가를 받아 공식적으로 사업을 했으면 하는데, 모든 구체적인 절차와 방법을 몰라 알아보고 있는 중이다.

이런 경쟁성 있고 사업성 있는 제품을 구체적으로 연구해서 품질은 최고로 높이고, 가격은 저렴하고 안전한 사업을 기독교 사회적 기업으로 하면 어려운 교회들도 살리고, 가정도 안정성 있는 가정이 될 것으로 본다.

최근 기독교 내에서도 사회적 기업이나 협동조합 그리고 사회적

경제에 대한 관심이 높아가고 있는데 그만큼 사회적 기업 육성 환경이 많이 조성이 되어 가고 있다는 증거일 것이다.

이런 것은 물론 정부와 사회적 기업 관계자의 노력도 있겠지만 무엇보다도 종교계의 적극적인 협력과 필요 요소가 작용을 했다고 본다.

한국 기독교 교회 협의회에 소속된 교단 중심으로 기독교 사회적 기업센터가 만들어지고 기독교 장로회의 한국 기독교 장로회 복지재단을 중심으로 운영되어 오고 있다고 한다.

우리나라에서 시행되고 있는 사회적 기업은 정부주도형의 독특한 지원사업인데 소외계층 사람들의 자립과 생계해결 또는 선한 목적의 사업체를 지원함으로 선한 영향력을 극대화하여 더 많은 사람들에게 나눔과 섬김의 문화를 확대해 가고자 하는 목적으로 시행되고 있다.

사회적 기업의 혜택의 궁극적 대상인 소외계층은 기독교의 본질적인 사명 과제인 하나님의 사랑을 실천해야 할 이웃으로서 같은 대상이라 할 수 있을 것이다.

처음 시작은 조그마한 사업으로 시작해서 크게 발전할 수 있는 교회와 가정 둘 다 살릴 수 있는 공간을 마련하자는 것이다.

교회에 나가다가 거처할 집이 없어 떠나는 사람들을 많이 보아왔다. 그럴 때마다 생각하기를 '거처할 처소와 생계만 해결할 수 있다면 우리 교회에서 신앙생활을 하면서 경제도 해결되고 가정도 이루고 하면 참 좋겠다.'고 생각한 적이 있다.

언젠가 우리 교회도 집이 없어 어려움에 처한 가정들, 먹을 것이 없어 난처한 성도들을 수용할 수 있는 시설도 마련하고 기업체도 만들어서 자급자족뿐 아니라 직장에서의 수입보다 더 수입도 많고, 신앙생활도 잘할 수 있었으면 좋겠다고 생각하게 되었다.

언젠가는 이 꿈이 이루어질 수 있으리라 믿는다.

사실 이 일은 나의 일이 아니고 하나님의 일이다. 그러니 지금까지 함께하신 하나님이 이미 계획하시고 이루어 주실 줄을 믿는다.

우리가 살아가면서 꼭 해야 할 일과, 하지 않아야 될 일과, 또 해도 되고 안 해도 될 일로, 세 가지로 구별할 수 있을 것 같다.

하나님의 궁극적인 뜻은 우리의 마음, 목숨, 힘, 뜻을 다해서 하나님을 사랑하고, 이웃을 사랑하라는 것인데 이것이 어떻게 보면 쉽기도 하고 어렵기도 하다.

온 인류가 이 사실을 알고 이 말씀대로 믿고 실행하여 살면 생명이 되겠지만 그대로 살지 않으면 하나님과 연결이 끊어지기 때문에 사망이 되는 것이다.

모든 인류가 다 이 사건을 유념하고 오늘도 에덴동산이 있고, 선악과도 있고, 일반과 생명과도 있다는 사실을 직시하고 선악과는 먹으면 죽고, 일반과는 먹어도 되고 안 먹어고 되고, 생명과는 반드시 먹어야 된다는 이 사실을 아는 사람이 별로 많지를 않을 것 같아서 이 글을 쓰는 것이다.

우리가 당면하고 있는 이 현실이 바로 에덴동산이다.

선악과는 "하나님이 하지 말라."고 명령하신 것을, 어기고 하면 이

것이 하나님이 '죄'라고 규정하신다.

죄를 지으면 곧 하나님과 연결은 끊어지고 악령과 연결이 되는 것이다.

일반과는 임의로 먹어도 되고 또 안 먹어도 되는, 죄도 아니고 의도 아닌 것이 그것이 바로 일반과에 속한 것이다.

생명과는 하나님이 "하라."고 명령하신 것을 하면 생명과를 먹게 되어 영생이 되는 것이다. 그러므로 오늘날도 에덴동산도 있고 생명과도 있고 선악과도 있고 임의로 먹을 수 있는 일반과도 있다는 사실이다.

필자는 1988년 목회를 나와서 약 30여 년의 목회를 하면서 수많은 사람을 만나고 수많은 사람과 헤어지기도 했다.

이런 사업을 통해 어려운 교회들도 살리고, 가정도 살리고, 신앙도 살려보고자 하는 것이 필자의 꿈이다.

처음부터 큰 나무도 없고 처음부터 큰 사람도 없다. 처음 시작은 보잘 것 없는 작은 것에서 터 시작해서 점점 자라면 크게 될 것이다.

선교 센터 및 후원 재단 만들기

복음 전파를 위해 선교하는 선교사업과, 가난한 어려운 이웃을 위해 하나님의 사랑으로 봉사하는 봉사단체, 하나님의 올바른 진리의 복음을 교육하고 훈련하는 교육기관과, 국가와 민족을 위해 실시하는 애국사업, 이렇게 크게 나누면 이 네 가지가 이 시대에 우리에게 주어진 꼭 필요한 명제이다.

이런 사업을 위해서 선교센터 및 후원 재단을 만들고자 기도하고 꿈꾸고 있다.

첫째 예수 그리스도의 지상 명령에 따라 세계 복음화를 위한 것인데 현재 우리나라뿐 아니라 외국까지 기독교 이단들이 너무 많고 사실상 올바른 기독교 교리가 눈 닦고 봐도 거의 찾아보기 어려운 것에서부터 시발된 것이다.

물론 건물도 있어야 하겠고 재정도 있어야 하겠지만 먼저는 사명감이 있는 인재다.

참으로 진리의 옳은 말씀을 듣기가 어려운 시대를 만난 것이다. 그러면 이런 원인이 어디서부터일까 생각해 보니 처음 배우기를 잘못된 지식에서부터가 아닐까 하는 것이다.

근간 수 년 동안 한국 교회들이 너무 많이 빛이 되지를 못하고 오히려 믿지 않은 사람들에게 부끄러운 형태를 보이고 있는 것이다.

뉴스나 PD 수첩 같은 방송을 통하여 모든 사람들이 다 아는 사실이지만 한국을 대표할 만한 대형교회들이 세습 문제인가 했더니 그보다는 그 뒤에 숨겨진 비자금의 문제들이 근본이라는 것이다. 어쨌든 이런 일들이 가장 큰 문제는 잘못된 것이라고 봐야 한다.

참으로 진리의 옳은 말씀을 듣기가 어려운 시대를 만난 것이다.

따라서 바른 복음을 전할 수 있는 학교와 훈련을 할 수 있는 선교센터를 건립하는 것이 나의 꿈이다.

이것은 생명보다 더 귀한 이 복음을 믿고 전하는 믿음의 일꾼, 육의 생명 다해 복음을 생명같이 여기고 전달할 수 있는 사명감 있는 사명자를 발굴하거나 만드는 것이 과제다.

사도 바울은 복음을 전한다는 이유로 많은 사람들에게 돌에 맞아 죽었는데 성 밖에 끌어 내쳤으나 하나님께서 다시 살려주셔서 그 이튿날 또 복음을 전하여 많은 사람의 제자로 삼았다는 말씀이다.

복음을 전하는 일은 아무리 강조해도 지나침이 없을 것이다. 전하기만 하고, 믿으면 구원을 받고 믿지 않으면 구원 못 받는 것은 하나님께서 하실 일이다.

복음이 우리나라에 들어오고 난 다음에 이렇게 잘사는 나라가 된 것도 큰 은혜요 축복이다.

생명의 씨를 뿌리기만 하면 싹이 나고 자라고, 열매 맺는 부분은 하나님께서 하실 것이다.

둘째는, 하나님은 "네 이웃을 네 몸같이 사랑하라."고 하셨다.

어떤 율법사가 "내 이웃이 누구입니까?"하고 물을 때, 강도가 옷을 벗기고 때려서 거반 죽은 자를 버려두고 갔는데 세 가지의 유형의 사람을 만났다고 말씀하시며 제사장도 그를 피하여 지나가고, 레위인도 피하여 지나가고, 사마리아인은 그를 보고 불쌍히 여겨 가까이 가서 치료해 주고 주막으로 데려가서 돌보아주고 부비가 더 들면 자기가 갚아 줄 것을 약속하고 갔으니 "이 세 명 중에 누가 강도 만난 자의 이웃이 되겠느냐?"하고 물었는데 제자들의 대답이 "도와주고 자비를 베푼 자입니다."라고 할 때에 그러면 너희도 "이와 같이 하라."고 말씀하셨다.

우리가 말로만 하는게 아니고 강도 만난 자를 도와준 사마리아인과 같이 어려움을 당하는 자를 예수님의 사랑으로 적극적으로 도와 줘야 한다.

사랑이라고 다 같은 사랑은 아닌 것 같다. 그러면 예수님의 사랑은 어떤 것이며 또 무엇일까? 그 해답은 하나님께서 우리에게 주신 말씀 성경에서 찾아야 하지 않을까?

사랑도 거짓 사랑도 있고 참사랑도 있는데 하나님의 사랑이 참사랑이다.

우리 모든 인류를 죄를 위하여 화목제로 그 아들 예수 그리스도를 보내사 사죄, 죄를 없이 주시고, 칭의, 의롭다 인정하시고, 화친, 원수된 관계를 화친시켜, 하나님의 자녀로 천국 시민권을 주어 영원한 그리스도직을 상속받을 수 있도록 하나님의 후계자를 만들어 주신 이것이 곧 하나님의 참사랑이라는 것이다.

이 사실을 먼저 믿고 우리가 이것을 거저 은혜로 받았으니 거저 주는 것이 마땅하다.

셋째는 지식이 바로 되어야 믿음도 바로 되고 행동도 바로 되고, 바른 구원이 되며 사람도 바로 되어 하나님이 기뻐하는 사람이 되고, 지식이 잘못되면 믿음도, 행위도 바로 되지를 못하고 구원도 바른 구원을 이루지 못하고, 사람도 바른 사람 곧 하나님이 원하시고 기뻐하는 사람이 되지 않는 것이다.

그러면 인생의 일평생의 삶은 헛된 삶이 되고 마는 것이다.

지식을 누구에게 배워야 바로 배울 수 있을까? 하나님께 배우면 바로 배울 수 있을 것이다. 곧 성경에서 배워야 하는 것은 자명한 사실이다.

그러나 오늘날 성경은 뒤로 두고 신앙생활을 하는 기독교인들이 너무 많은 것 같다. 그래서 더욱 이단들이 날뛰는 것 같다.

사실 오늘날 이 지식이 잘못되었기 때문에 특히 기독교계의 대교회 목회자들이 일탈 행위가 많은 것 같다.

말씀대로 틀리고 잘못된 것들을 고쳐서 하나님의 사람으로 온전하게 거룩하게 깨끗하게 바꾸어서 하나님의 일에 쓰임 받도록 해야될 것이다.

성경을 체계적으로 가르치고 배워서 우선적으로 바른 지식을 습득하고, 훈련을 시키고 체험적인 신앙을 통해서 선교의 귀중함을 배워 세계를 향해 선교해야 할 것이다.

넷째는 애국사업이다. 일본에 나라를 빼앗겼던 지난 역사를 아는 사람은 절대 우리나라를 다시 빼앗겨서는 결코 안 된다는 것을 잘 알 것이다.

10대 소녀의 몸으로 독립혁명에 목숨을 던진 유관순 열사가 남긴 애국의 절규를 보자.

"조국을 위해 바칠 수 있는 생명이 오직 하나밖에 없다는 것이 나의 유일한 슬픔이다."

또 한평생 조국 독립을 가슴에 담고 살아온 백범 김구 선생은 항상 이 말을 되뇌었다고 한다.

"독립된 조국정부 청사의 유리창을 닦는 것이 나의 소원이다."

130여 년 전 쇄국의 조선 땅에 목숨 걸고 들어와 자유와 평등이 무엇인지도 모르는 우리 선조들을 깨우치며 영원한 생명과 높은 가치가 무엇인지 알려 준 벽안의 선교사들도 "내가 천 개의 생명을 가졌다 할지라도 조선과 조선 사람들을 위해 바치리라."라고 하였다.

이런 위인들까지는 못될지언정, 백성을 사랑하며, 헐벗고 굶주리고, 병들고, 소외되고 어려운 이웃을 돌아보아 나누고 베풀고 섬기며, 선한 영향력을 끼치는 사람이 애국자일 것이다.

또 세계만방에 국위를 선양하며, 국민들의 자존감을 높이고, 희망을 갖게 하는 사람들, 또는 자기의 가진 부를 자기 혼자 누리는 것이 아니라, 이웃과 함께 나누며 더불어 잘살고자 하는 사람, 또는 기업에서 얻은 수익을 공익을 위해 사용하며, 주어진 자기 위치를 성실히 잘 지키며 의무와 충성을 다하고, 도움이 필요한 이들을 섬기며 도와주는 사람들이 애국자가 아닐까?

이런 사업을 하기 위해서 선교센터를 세워서 운영하는 것이 나의 간절한 꿈이다.

하나님께서는 우리 인간을 하루아침 이슬 같다고 말씀하셨고 "잘하였도다, 착하고 충성된 종아 네가 작은 일에 충성하였으매 내가 많은 것으로 네게 맡기리니 네 주인의 즐거움에 참여할지어다."라고 말씀하셨다.

우리 모두 이와 같은 하나님께 인정받는 하나님의 아들이 되어야 할 것이다.

앞에 요약한 것과 같이 이런 일들을 하기 위하여 근사한 선교센터 건물을 건축하여 1층은 요양원 및 병원을 지어 돈이 없고 어렵고 불쌍한 사람들을 보살펴 주는 시설을 만들고, 2층은 교회 본당을 만들고, 3층은 체육시설 및 힐링센터를 만들고, 4층은 선교사들이 숙식을 할 수 있는 공간과 학교를 만들고, 5층은 식당과 찻집을 만들어

이 건물 안에서 거의 모든 것들을 해결할 수 있도록 하는 것이 나의 비전이요 꿈이다.

꿈이 있는 청춘은
아름답다

서지영

진로취업상담가, 동기부여가, 자기계발가, 방과후 강사, 생태교육 전문가

경희대 경영대학원을 졸업하고 더 큰 꿈을 위해 살아가고 있다. 자신의 적성에 맞는 직업을 찾기 위해서 방송국, 어린이집, 공항, 중소기업 등 다양한 분야에서 일을 하였다. 현재는 대학교에서 행정업무를 하며 미래를 위한 도약으로 강사 활동을 간간히 하고 있다.

E_mail: yumico80342@naver.com

꿈과 희망을 주는 메신저로 거듭나기

TV만 켜도 유니세프, 굿네이버스, 초록우산, 유엔난민기구, 대한적십자사 등 수많은 후원단체가 있고, 이들은 각자 후원금을 모으기 위해서 열심히 홍보하는 것을 볼 수 있다.

우리 주변에는 나보다 어려운 사람, 나보다 조언이 필요한 사람들이 널려 있다.

이런 사람들을 위한 희망 메신저가 되는 것이 나의 꿈이다. 나에게 조언이 필요한 사람, 나의 도움이 필요한 사람에게 무언가 도와줄 수 있는 사람 말이다. 그리고 나의 이야기를 듣고 꿈을 키우며, 나의 이야기를 듣고 희망을 가지게 되는 사람들 보고 싶기에 꿈과 희망을 주는 메신저가 되고 싶다.

세계 곳곳에 이런 꿈과 희망의 메신저라는 것을 보여주고 싶고 나의 이야기를 들은 이들과 함께 꿈을 꾸는 아름다운 세상을 만들고 싶다.

메신저가 되고 싶다는 꿈을 가지게 된 계기가 있다.

나는 어릴 적부터 남을 도와주는 것을 좋아했다. 초등학교, 중학교, 고등학교 때는 그저 의무감이었다. 하지만 그 의무감이 나에게는 계기가 되었다. 남을 도와주는 것이 좋은 것이라는 것을 알려줬기 때문이다. 덕분에 대학교에 가서는 용돈을 받아 일부는 굿네이버스나 유니세프에 성금을 냈다. 그리고 봉사활동을 스스로 했다.

누가 시켜서 하는 것이 아니었다. 내가 좋아서 내가 하고 싶어서 했기에 더욱더 의미가 있었다.

처음 찾아간 곳은 보육원이었고 그곳에 가서 충격을 받았다. 생각했던 것보다 아이들이 너무 밝았고, 오히려 나보다는 아이들이 진정한 의미의 봉사활동을 실천하고 있었다. 그리고 비록 어리지만 자신의 처지를 너무 잘 알고 있었다.

나는 그곳에서 오히려 아이들에게 배움을 얻었다.

'여기는 불쌍한 아이들이 오는 곳이 아니에요. 여기는 아이라서 보살핌을 받기는 하지만 살고자 하는, 의지가 강한 아이들이 모여 있는 곳이에요. 우리를 불쌍하게 보지 마세요. 그건 저희에게 큰 상처랍니다.'

그랬다. 아이들은 그곳에서 배우고 자라면 부모님이 있는 아이들보다 더욱더 잘 자라고 있었고 의젓했던 것이다. 또한 그럴 수밖에 없는 환경이라지만, 그 속에서 아이들은 꿈을 가지고 있었다.

한 초등학생 여자아이가 앉아서 그림을 그리고 있었다. 한눈에 보기에도 실력이 있어 보여서 잘 그린다고 칭찬을 해주었더니 아이는 나에게 말했다.

"나는 만화가가 될 거예요."

아이의 눈은 초롱초롱 빛이 났다. 꿈에 대한 확신과 앞으로 꼭 만화가가 되고 말겠다는 아이의 굳은 신념이 보였다. 나는 순간 충격을 받고 생각했다.

'저렇게 어린아이도 꿈이 있는데, 나는 꿈이 뭐였지?'

나에게도 꿈이 있었지만 꿈은 현실에 막히고 말았다. 그 현실이란 나의 성적이었다. 그다지 성적이 좋지 못했거니와 뒤에서 세어 보는 것이 빠를 정도였다.

때문에 가고 싶은 대학교 역시 갈 수 없었고 성적에 맞춰어 학교를 선택해야 했고 과를 선택해야 했다. 더구나 수능으로는 대학에 입학할 자신이 전혀 없었기 때문에 수시에 도전했다. 좋지 않았던 내신점수로 도전을 했으니 그 결과는 처참했다.

하지만 지금 생각해보면 그렇게 처참한 결과는 아니었다.

원하는 대학은 아니었을지라도 대학을 들어가게 된 것은 내 운명이었다고 생각한다.

학교를 다닐 때는 느낄 수 없었다. 배우는 것들이 어떻게 쓰이고 어떤 도움을 줄지 모르는 상태에서 '이걸 대체 왜 배우는 거지?' 하며 불평과 불만으로 학교를 다녔던 것 같다.

그러나 대학을 졸업한 덕분에 실용적인 학문을 많이 배울 수 있었고, 지금까지 그 덕을 보고 있으니 잘 들어가서 공부했다는 생각이

든다.

대학에서 배운 것은 나에게 있어서 일을 하는 데 기초적인 지식을 배울 수 있는 곳이었다. 사무 업무를 하는 데 필요한 지식과 더불어 쇼핑몰을 만드는 데 필요한 기본적인 지식은 내가 하는 일에 많은 도움을 주었다.

대학에서 배운 덕분에 사무직에 입사하여 일을 하게 되었고, 추후 쇼핑몰을 만들어서 장사를 해볼 수 있었으니 나에게는 배워서 남 주지 않은 셈이다.

대학교 2학년 때, 부모님께 졸라서 1년간 해외연수를 다녀오게 되었고 세상을 보는 시각이 달라졌다. 어학연수 후에는 더 많은 것을 경험하고 싶었다.

나는 배낭여행을 가고 싶은 친구들을 모으기 시작했고 그렇게 모아진 친구들과 함께 독일과 오스트리아 여행을 다녀오면서 내 자신을 키워왔다.

하고 싶은 것을 다하며 살 수는 없다. 그러나 하고 싶은 것 이루고 싶은 것이 있다면 포기하지 않고 끝까지 도전하는 것이 중요하다. 얻고 싶은 것이 있으면 최선을 다해서 늘어지는 끈기와 인내가 필요하다.

공부를 잘해야지만 잘사는 것은 아니다. 자신의 꿈을 위해서 얼마나 노력하고 있는지 자신의 꿈에 얼마나 최선을 다하고 있는지가 중요하다.

무엇인가 이루어야 한다면 끊임없이 노력해야 한다. 그럼 그 일에 대해서 자신이 있기 때문에 지치지 않는다.

공부가 인생의 모든 것을 좌우하는 것이 아니라는 것을 보여주고 싶다. 비록 공부는 잘하지 못하더라도 끝까지 노력하면 언제가 자신의 꿈을 이룰 수 있다는 것을 보여주고 싶다.

이런 나의 모습에 고무되어 사람들이 희망과 꿈을 가졌으면 좋겠다. 따라서 나는 오늘도 열심히 꿈을 꾼다. 그리고 꿈을 가지고 희망의 소리를 전달한다.

그 희망이 세계 곳곳에 있는 사람들에게 전달될 때까지 꿈의 소리, 희망의 소리를 전달하는 메신저가 되고 싶다. 아울러 나의 도움을 필요로 하는 사람들에게 손을 내밀어 도와주면서 말이다.

가장 어려운 미션이지만 그 미션은 가장 쉬운 일이 될 수 있다고 한다.

내가 이루고자 하는 것에 대해서 끊임없이 달리다 보면 언젠가는 반드시 이루어질 것을 알기 때문에 계속해서 달릴 수 있는 것이다.

나는 내가 무언가를 간절히 원할 때 간절함은 그 실현을 돕는 매개체가 된다는 것을 알고 있다.

생각하는 희망이란 무엇인가?

지금 무엇을 위해 꿈을 꾸는가?

지금 무엇을 위해 노력하고 있는가?

원하는 것이 있다면 지금 당장 종이와 펜을 꺼내서 자신이 질문에 대답해보아야 한다.

그리고 꿈을 꿔야 한다. 희망을 가져야 한다. 포기하지 말아야 한다. 그러면 이루어질 수 있다.

꿈은 생각한 대로 이루어지고 말한 대로 이루어진다는 말도 있다. 긍정적으로 생각하고 행동하면 언제가 반드시 그 꿈은 현실로 이루어진다.

꿈은 움직이는 사람에게 찾아온다. 지금 당장 움직여야 한다. 꿈은 반드시 이루어질 것이다.

엄마와 단둘이 유럽 자유여행 가기

"지영아? 저기가 어디야?"

엄마의 말에 나는 텔레비전을 쳐다보았다. 길쭉길쭉하고 고풍스러웠지만 우리나라는 아니었다. 자세히 보니 고딕양식이 많다.

엄마는 홈쇼핑 채널에서 나오는 유럽여행 패키지 상품을 보고 있었다.

문득 결혼한 친구의 말이 생각이 났다.

"야아~ 결혼하니까 여행 한번 가는 것도 쉽지 않아. 특히 애가 있으면 진짜 꿈도 못 꿔!"

내 마음을 떠보려는지 엄마는 유럽여행을 가고 싶다는 것을 '저기가 어디야?'로 표현하고 있었다.

나 역시 평소에 엄마와 단둘이 여행하고 싶다는 생각을 했지만 막상 실천은 하지 못했다.

사실 유럽은 나에게도 꿈의 나라이다. 학창시절 배낭여행으로 독일과 오스트리아로 갔을 때 너무 좋았던 기억이 있기에 더욱 환상적인 것 같았다.

낭만이 가득한 사람들과 이국적인 풍경이 자연스럽게 어우러져 펼쳐지는 모습은 그야말로 낙원 같은 착각이 들 정도다. 마치 동양이라면 꿈의 나라라고 불릴 만한 풍광이 숨어 있는 곳이다.

이제 가장 사랑하는 엄마에게 꼭 한 번은 보여드리고 싶다. 그렇게 멋진 곳이 있었다고, 세상에는 아직 우리가 보지 못한 멋지고 신기하고 살아가야 하는 이유가 많다는 것을 보여주고 싶다.

그 풍경을 보면 살아 있음을 감사하는 마음이 자동으로 생성되기에 더욱이 엄마에게 보여드리고 싶은 것이다. 살아 있기에 볼 수 있는 풍경이니까…….

이 세상 '엄마'라고 불리는 여인들이야 누구다 다 그렇겠지만 엄마는 나와 동생으로 인해 많은 희생을 하셨다. 물론 당신 혼자 살았다면 더 나은 인생, 더 편한 인생을 살 수 있었음을 누구보다 잘 알고 있다. 자식과 더불어 어차피 당신의 모든 것을 포기해야만 했던 지난 30년을 추측해 보건대 엄마가 인생의 허무함을 느끼는 것도 이해가 된다.

엄마는 갱년기로 힘든 그 와중에 우울증까지 함께 와서 정말 힘든 시기를 보내야만 했다. 아마 갱년기를 보낸 우리들의 엄마들이라면 심정을 헤아릴 수 있으리라 여겨진다.

이제라도 엄마의 딸로서 오롯이 엄마를 위한 둘만의 추억을 만들고 싶다.

엄마에게 깜짝 선물이 아니더라도 이제부터 차근차근 계획을 세워 실행에 옮기려 한다.

지영이와 엄마의 단둘이 떠나는 유럽 여행계획

여행일: 비수기 때, 총 10일.

여행 회차	여행국가	목적지	참고사항
1일차	인천/헝가리	부다페스트	비행기 시간에 맞춰서 이동
2일차	헝가리	부다페스트	즐겁게 부다페스트 즐기기
3일차	헝가리/체코	부다페스트/프라하	오전에 이동
4일차	체코	프라하	즐겁게 프라하 즐기기
5일차	체코/크로아티아	프라하/자그레브	오전에 이동
6일차	크로아티아	자그레브	즐겁게 자그레브 즐기기
7일차	크로아티아/이탈리아	자그레브/피렌체	오전에 이동
8일차	이탈리아	피렌체/로마	오전에 이동
9일차	이탈리아	로마	즐겁게 로마 즐기기
10일차	이탈리아/인천(ICN)	로마/귀국	비행기 시간에 맞춰서 이동

작은 꿈일지 모른다. 하지만 꿈이라고 생각하는 사람에게는 큰 꿈일 수 있다.

꿈의 크기는 정해져 있지 않다. 크든 작든 간에 이루고자 하는 마음과 그 꿈에 의미가 있다면 그것은 본인에게 큰 꿈이 될 수 있다.

꿈은 큰 것에서부터 실천하는 것이 아니라 작은 것부터 실천하고 이루어지고 다시 다른 꿈을 만들어 실천하고 그것이 큰 꿈으로 이어지는 인도길이 되어 줄 수 있다.

무슨 꿈이든 포기하는 사람에게는 기회가 없지만 포기하지 않는 사람에게는 기회가 열리는 법이니까 말이다.

지금 여러분은 무슨 꿈을 꾸고 있는가? 아무 생각 없이 하루하루 보내고 있지는 않은가? 아니면 허황된 꿈이라고 투정만 하고 있지는 않은가? 그렇다면 다시 생각해보자.

그 꿈을 이루기 위해서 여러분은 지금까지 얼마나 노력했는가?

나는 한꺼번에 모든 것을 이루기는 힘들겠지만 차근차근 하나씩 나의 드림리스트를 이루기 위해서 노력할 것이다. 엄마와의 여행도 많은 드림리스트 중 하나이지만 소박하지만 소박하지 않고, 쉽지만 쉽지 않기에 조급함보다는 노력하면서 이뤄나갈 것이 있다는 것에 대해서 정말이지 감사한 마음이 가득하다.

나와 같은 꿈도 좋다. 소박하지만 이루기 쉬울 것 같은 나의 꿈은 누구나 따라 해볼 수 있는 꿈이다.

드림리스트를 하나씩 하나씩 이루어나가는 사람들은 자신의 리스트에 업데이트가 빠지지 않는다. 하나를 이루면 그 공란에는 다른 꿈으로 채워나간다. 그리하여 늘 새로운 인생을 살아가고 희망이 가득하고 밝고 힘차게 살아갈 수밖에 없다.

그것을 알고 있기에 나의 드림리스트도 공백의 난이 아니라 늘 항상 채워져 있어서 내 인생을 책임진다는 사명감을 가지며 살아갈 것이다.

세계에서 유명한 소통 강사로 활동하기

사람이라면 누구나 겪는 시기가 있다. 바로 청소년기로 누구나 겪지만 상황이나 환경에 따라 각자 조금씩 다른 청소년기를 겪는다.

사람의 인생이 다 같을 수 없는 것처럼 말이다.

나 역시 남들과는 다른 청소년기를 보냈다. 반항과 흐트러짐이 많은 나이가 바로 이 시기 아닐까 싶다. 하지만 나는 반항이 무엇인지 흐트러짐이 무엇인지 모르고 그 시기를 지나갔다.

그래도 되뇌어 생각해 보면 나 또한 방황을 했던 것 같다. 바로 진로에 대한 고민이었다.

나는 꿈이 많은 아이였고 하고 싶은 것도 많은 아이였다. 호기심도 역시 많았다. 그리하여 이것저것 사물을 보는 눈이 다른 아이들과 달랐다. 하고 싶은 것도 많았지만 그때마다 부모님의 반응은 냉랭하기만 했다.

중학교 2학년 때였다.

부모님에게 패션디자이너가 될 것이라고 말하자 부모님의 반응은 그 힘든 걸 왜 하느냐며, 바느질하는 일은 안 된다며 만류하는 것이었다.

부모님은 주위 사람들의 실패에 대한 편견에 사로잡혀 있었고 다른 부모님의 바람처럼, 열심히 공부해서 좋은 대학을 나와 번듯한 직장이 되는 것을 원했다. 따라서 부모님에게 진로이야기를 한다는 것은 나에게는 전혀 도움이 되지 않았다.

고등학교에서 대학교로 진학 때도 어느 과를 가야 할지 고민이 많이 되었다. 성적이 좋지 않았기 때문에 갈 수 있는 곳이 제한적이었기 때문이었다. 그때도 나는 역시 부모님에게 여쭈어봤지만, 부모님은 너의 진로이니 네가 알아서 잘 선택하라는 말씀뿐이었다.

나는 역시나 도움이 안 된다고 생각했지만 주위에 조언이나 도움을 받을 수 있는 사람이 없었기 때문에 답답하기만 했다.

학교의 선생님들조차 나에게는 도움이 되지 않았다. 선생님들은 공부 잘하고 똑똑한 아이들만 챙기기 급급했고 나같이 공부 못 하고 뒤떨어지는 아이들은 쳐다보지도 않았고, 오히려 악담만 늘어놓기 일쑤였다. 그러니 선생님에게 상담을 한다는 것은 말도 안 되는 일이었다.

대학교를 갔을 때 역시 진로 고민을 했다.

무엇을 하면서 먹고 살아야 할지 막막했다.

다른 친구들은 진로 결정을 잘해서 자기 앞가림을 잘하는 것 같은

데 나는 그 친구들에 비해 매번 뒤떨어지는 느낌을 받았다. 그래서 인지는 몰라도 내가 하고 싶은 것을 찾기 위해서 이것저것 많이 시도했던 것 같다. 그러나 결과적으로 그 시도는 추후에 나의 진로를 결정하는 데 많은 도움을 주었다.

맨 처음 했던 일은 경리였고, 작은 제조업체였기에 이것저것 잡일이 많았다.

그럼에도 불구하고 경리 일을 하면서 배움의 끈을 놓지 않았다. 배움은 나에게 큰 동아줄이 되어 줄 거라고 생각했기 때문이다.

두 번째로 했던 일은 방송국 일이었다.

당시 1박2일이 유명했던 때로 그 프로그램을 보면서 나도 저런 감동과 재미를 주는 프로그램을 만드는 일에 일조하고 싶다는 생각을 하게 되었다. 그래서 방송국에 지원했더니 운 좋게 합격을 했고 KBS로 출근을 하게 되었다. 생각하고 실천하니 정말로 다닐 수 있게 된 것이다.

방송국을 다니면서 많은 사람을 만날 수 있었다.

PD, FD, 작가, VJ, 아나운서, 연예인 등등 그곳에서 일하는 다양한 사람들 만나게 되었다. 그러면서 간접적으로 그 사람들이 일하는 것을 경험할 수 있게 되었다. 간접 경험은 훗날 강사 일을 하는 데 많은 도움이 되었다.

세 번째로 해봤던 것이 장사였다.

쇼핑몰을 만들어서 옷 장사도 해보고 애견용품 판매도 해봤지만 장사가 쉽지 않다는 것을 몸소 체험할 수 있었다.

저녁에 동대문에 가서 물건을 살펴본 후 새벽에 직접 물건을 떼와서 촬영이며 쇼핑몰에 물건 등재며 스스로 하지 않으면 돈이 벌리지 않았다. 누가 대신해주는 사람도 없었기에 열심히 해봤지만 잘되지 않았고 그렇게 장사는 친한 친구에게 넘겨주면서 끝이 났다.

네 번째로 해봤던 일이 보육교사였다.

보육교사를 하면서 나는 몸으로 하는 일은 적성에 맞지 않음을 깨닫게 되었다. 보조교사로 활동할 때는 이 정도로 힘들지 않았는데 직접 담임교사를 맡아서 해보니 너무 힘들었고 그마저도 교통사고가 나서 더 이상 할 수가 없었다.

그렇게 굵고도 짧은 경험을 하였지만 임팩트 있는 경험이었기에 만족했다.

다섯 번째로 광고회사 영업팀에서 일을 하게 되었다.

영업에는 자신이 없었지만 그래도 도전한 결과는 예상대로였고 역시 오래 가지 못했다.

누군가를 설득하여 물건을 판매한다는 것은 정말 어려운 일이었다. 그리고 전화통화로 누군가를 설득해야 한다는 것은 더욱 막막하고 어려웠다. 영업은 정말 적성에 맞지 않다는 것을 몸소 느꼈다. 그리하여 영업을 해야겠다는 생각은 꿈꾸지도 않게 되었다.

이렇게 하나하나 겪으면서 진로에 고민이 많은 친구들을 상대로 내 경험을 얘기해보면 좋겠다는 생각이 들었고, 그런 친구들을 위한 멘토가 되고 싶다는 생각을 하게 되었다. 누군가가 편견이 있다면 그 편견을 깨서 도전할 수 있는 힘을 주는 그런 사람이 되고 싶었다.

그리하여 강사라는 직업에 도전하게 되었다.

처음에는 아무것도 가진 게 없기에 평탄하지 않을 것을 예상하며 시작하게 되었고, 자격증도 하나씩 취득하게 되었다.

심리상담사 1급, 감정코칭지도사 2급, NCS취업지도관 2급, 아동요리지도사 1급 등……

많은 자격증을 가진 건 아니지만 시작한 지 오래되지 않았기 때문에 그 도전은 아직 진행 중이라고 봐야 하지 않을까 싶다.

그 노력의 결과로 처음 진로 큐레이터들이 모여 있는 집단인, 시흥에 위치한 '행진인'에서 외부강사로 처음 강의를 나가게 되었고, 처음 접한 나의 강의는 미숙했지만 그를 통해 깨우치게 된 것은 내 생각대로 아이들을 이끌 수만은 없다는 것이었다. 그리고 많은 것을 알려주기보다는 비록 적은 것을 알려주더라도 재미있게 가르쳐 주는 것이 좋겠다는 생각을 하게 되었다.

그 이후부터는 많이 준비하기보다는 적은 것을 가르쳐 주며 쉬는 시간을 맞춰서 끝내기 시작했고, 처음 잘 안 되던 시간관리가 하다 보니 조금씩 익숙하게 되었다.

강의에 대한 도전은 세계로까지 이어지길 바라고 있다.

나는 매일 세계 강의에 초청되어 강연하는 꿈을 꾸고는 한다.

꿈은 생각해야 하고 생각한 꿈은 실천으로 옮길 때 이루어진다. 따라서 말과 행동은 일치되어야 한다.

무엇보다 긍정적인 생각은 긍정적인 결과를 가져온다.

강사 일을 하면서 가장 도움이 많이 되었던 것은 그동안에 배운 것과 경험했던 것들이 정말이지 많은 도움이 되었다. 이리하여 배우고 경험하면 언젠가 쓸모 있다는 말이 사실이라는 것을 지금도 강사 활동을 하면서 느낀다.

나는 오늘도 배운다. 그것이 훗날 나에게 얼마나 큰 도움이 되는지 나는 이미 경험으로써 깨달음을 얻었기 때문이다.

꿈을 가져야 한다. 실천해야 한다.

나는 오늘도 내 꿈을 위해 달리고 또 달리는 중이다.

강사라는 직업에 하나하나 도전을 하면서 세계무대라는 큰 꿈을 가지게 되었다.

사실 나는 영어로 유창하게 대화하지는 못한다. 그렇다고 중국어를 유창하게 한다거나 일본어를 유창하게 하는 것도 아니다. 다른 사람과 약간의 의사소통이 가능한 정도이다.

이 정도는 어느 누구라도 외국어에 관심을 가진다면 다 할 수 있을 정도의 실력이다.

외국에 다녀보니 의사소통은 꼭 장벽은 아니다. 그들도 못 알아듣기는 마찬가지지만 의사소통을 하려고 하면 손짓이든 몸짓이든 대화는 통하게 되어 있었다. 다만 바로 통하지 않아서 답답할 뿐이다. 시간이 필요하다는 뜻이다.

내가 세계무대에 서는 것도 시간이 필요할 뿐이다. 어느 정도의 시간이 있어야지만 강사로서 자리매김을 할 수 있으니까 말이다.

무엇이든 노력이 빠지면 될 수가 없다. 그곳에 가고자 하는 갈증을 느끼지 못하면 갈 수 없다.

나는 지금 강사로서 세계무대에 도전하기에 심한 갈증을 느끼고 있다. 그 갈증을 해소하기 위해서 오늘도 한 걸음씩 걸어가고 있다. 그리고 꼭 반드시 이룰 것이다.

소통왕으로 서지영이 세계무대에서 인정받는 모습을 그릴 것이다.

강의장이 있는 전원주택 가지기

누구나 꿈을 꿀 수 있다. 또한 누구나 드림리스트를 만들 수 있다.

나는 하면 된다는 생각으로, 강의를 하면서 생긴 꿈이 있다. 그것은 나만의 사무실을 가지는 것이다.

사무실에는 내 업무를 보는 곳도 있지만 강의를 할 수 있는 강의장도 있다.

나는 여기저기 다니며 관심 있는 교육을 들으면서 '이 교육장은 이렇게, 저 교육장은 저렇게 특징이 있구나.' 하고 생각하고는 했다.

그러다 얼마 전 이백배 평생교육원을 간 적이 있다. 그곳 교육장을 보고는 나 역시 업무를 보는 사무실과 강의실이 있었으면 좋겠다고 생각했고, 이는 나의 새로운 꿈이 되었다.

어렸을 때부터 나만의 집을 가지고 싶었던 나는 고등학교 1학년 때만 해도 장래희망이 건축가, 인테리어 디자이너와 같은 집과 관련

된 꿈을 가지고 있었다.

내가 지은 집에서 가족이 화목하게 사는 꿈을 꾸었던 것이다. 화목한 가정을 위해서는 집이 먼저 필요하다고 생각하기에 더욱더 그랬다. 그렇게 생각하기 된 계기는 아마도 초등학교 때 겪은 사채업자들의 방문 때문이었던 것 같다.

당시 우리 집에서 살던 외가식구들이 기억이 난다.

외삼촌이 주식에 잘못 투자하여 빚을 지게 되었고, 그로 인해 우리 집으로 오게 되었다. 그래서 우리 집에서 3식구가 살게 되었다. 외삼촌 시구들과 외할머니, 그리고 우리 집 식구들……

대가족이 살게 된 것이다. 그때 무의식중에 불편해서 그랬는지 집이 있어야 한다는 생각이 강하게 인식된 것 같았다.

나는 나만의 집에서 내가 선택한 사람과 행복하게 오순도순 사는 꿈을 그린다. 어쩌면 누구나 그리는 꿈일 수도 있다. 하지만 요즈음 집을 사기는커녕 전세를 얻는 데도 싸면 1억이요 비싼 건 몇십 억씩 하니 금수저로 태어나지 않은 이상 집을 구하기는 하늘의 별 따기이지 않은가.

그 집 때문에 가정을 꾸리지 못하는 젊은 층들은 결코 남의 얘기가 아니다. 그러니 어찌 집에 대한 환상이 생기지 않을 수 있겠는가!

내 주변만 해도 집에 대한 환상을 가지고 있는 친구들이 많거니와 나 또한 그중에 한 사람일 뿐이다.

좋은 집을 꿈꾸는 것이 아니다. 그저 아무 걱정 없이 지낼 수 있는 공간을 원하는 것이다. 이는 많은 사람들이 공감할 것이다.

그저 빚 걱정만 안 하고 살 수 있다면 세상 참 살기 좋을 텐데
…….

그저 돈 걱정만 안 하고 살아도 세상 참 살기 좋을 텐데…….

나는 꿈을 꾼다. 나만의 집에 대한 꿈이다.

꿈을 꾸기에 힘든 시기를 이겨낼 수 있다고 생각한다. 목표가 있기에 무엇이든 할 수 있다고 생각한다. 나만의 집을 가지겠다는 그 꿈이 있기에 오늘도 열심히 돈을 벌고 일을 한다.

꿈을 예금한다는 말도 있다.

꿈을 예금하면 할수록 그 사람이 살아가는 인생은 달라진다. 꿈을 예금한다는 것은 내가 이루고 싶은 것을 상상하고 그 꿈의 실현을 위해서 노력한다는 의미가 담겨 있다.

내가 포기하고 싶을 때 예금해놓았던 것을 끄집어 내놓는다. 그러면 동기부여가 된다. 동기부여가 되는 이유는 그 꿈을 이루고 싶은 간절함이 담겨져 있기 때문이다. 그렇기 때문에 내 꿈을 위해서 노력하게 되는 것이다.

꿈꾸고 또 꿈꾼다.

그 집 옆에 사무실이 있고 강의실이 있다면 얼마나 좋을까?

사람들이 집에 찾아오는 소리가 들린다. 사람들이 나의 강연을 들으러 오는 소리가 들린다. 듣기만 해도 기분 좋아지는 소리이다. 세상이 뿌듯해지는 소리다.

이미지를 상상하는 것은 현실로 이루어질 수 있는 원동력이 된다.

계속해서 자신을 지지하고 응원해주는 힘이 되기 때문이다.

하루를 살아도 꿈이 있는 삶과 꿈이 없는 삶의 질은 다르다고 생각한다. 꿈이 있는데 아무도 생각하지 못한 상황에서 죽음을 맞이한다면 주위 사람들에게 안타까움을 더해주며 그 사람 자체가 빛날 수 있다. 하지만 꿈이 없는 사람은 그 반대로 안타까워 해주는 이도 없을 것이며 그 사람 자체가 불타 없어진 시커멓고 그을린 재와 같을 것이다.

나는 강사 일을 하면서 꿈이 더욱더 많아졌다.

강사가 되기 위해서 이것저것 보고 배우면서 꿈을 꾸는 사람들을 많이 만나면서부터 나도 저런 사람들처럼 꿈을 꾸다 보면 언젠가 내 꿈을 실현하는 날이 오겠지 생각하니 신바람이 나서인 것 같다.

꿈을 꾸는 사람들은 정말 멋졌다. 꿈을 위해서 하나씩 이루어가는 그 모습에 박수를 보내며 나도 저렇게 멋진 사람이 되고 싶다는 꿈이 생기고, 그 꿈을 실현하기 위해서 노력하는 내 자신이 너무 기특하고 자랑스럽다.

아무것도 하지 않았던 나에 비해서 지금은 꿈을 이루기 위해서, 목표를 이루기 위해서 끈질기게 밀고 나가는 모습에 박수를 보낸다.

목표가 생기고 하고 싶은 것이 있으니 태도도 생활도 모든 것을 바뀌는 것을 내 주변에 있는 사람만 보아도 알 수 있었다.

목표가 생기면 눈빛도 달라지고 목소리도 달라진다. 사람이 달라진다.

그게 현실인 것 같다. 희망을 본 사람들의 눈빛은 어느 누구의 눈빛보다도 빛이 난다. 그런 사람들 주변에는 광채가 흐른다.

내가 꿈꾸는 집이 어떤 모습인가를 그려본다. 직접 그려서 벽에 붙이면 좋겠지만 나의 집은 진화하는 중이다.

어떤 부분이 계속 덧붙여지고 지워지고 하면서 내가 꿈꾸는 집이 내 안에 만들어지고 있다. 이것을 현실화시키는 그날까지 나는 계속 달리면서 돈을 모아야만 한다. 그리고 강사로서의 입지를 더욱더 굳혀야 한다.

그래야 내가 강연을 한다고 할 때 많은 사람들이 올 테니깐 말이다. 그런 의미에서 아직 땅에 묻힌 씨앗 정도라고 할 수 있을 것이다. 꿈은 꾸지만 아직 싹도 나지 않은 채로 있는 상태 말이다.

지금 이 순간 인순이의 〈거위의 꿈〉이 생각난다.

그래요, 난 난 꿈이 있었죠. 버려지고 찢겨 남루하여도 내 가슴 깊숙이 보물과 같이 간직했던 꿈.

남이 볼 때는 하찮은 꿈일지라도 꿈을 꾸는 사람에게는 그렇지 않다는 것을 느낄 수 있다. 그리고 얘기한다. 헛된 꿈은 독이라고 꿈을 비웃는 사람도 있을 수 있다. 그렇다고 꿈을 포기한다면 이룰 수 없다. 우리가 가야 하는 벽이 너무 너무 높더라도 끝까지 포기하지 않고 넘어갈 수 있어야지만 그 꿈에 당당히 다가갈 수 있다.

세상 사람들이 다 꿈을 이루고 사는 것은 아니다. 하지만 꿈을 꾸지 않고 사는 것은 죽은 삶을 선택한 것과 마찬가지다.

돌고 도는 시계탑에서 쳇바퀴를 한 채로 살아간다면 너무 재미없는 삶이 아닐까 싶다. 그렇게 허무하게 세월을 살아간다면 나중에 뒤돌아보았을 때 너무 허무하고 공허하여 남아 있는 것이 없어서 슬플 것이다.

나는 그런 슬픈 삶을 선택하고 싶지 않다.

내 인생이니만큼 내가 스스로 개척해 가야 하는 삶에 꿈이라도 많이 꾸며 꿈을 이루기 위해서 한 가지씩 노력해 나가는 뜻깊은 삶을 살아가고 싶다.

그런 의미에서 강의장에 딸려 있는 집은 나에게 큰 꿈이다.

모든 것을 다 가지고 있는 사람들에게는 작은 꿈이고 웃기는 꿈일 수 있지만 나에게는 결코 작지 않은 꿈이다. 그렇기에 꼭 이루고 싶은 것이고 그렇기에 알리고 싶다.

꿈은 작은 것에서부터 이루어진다.

여러분은 지금 어떤 꿈을 꾸는가?

나처럼 자신이 가지지 않았기에 가지고 싶은 꿈이 있는가? 없다면 지금 만들어 보는 것이 어떨까?

종이에 적다 보면 삶을 살아가는 데 이유를 찾을 수 있을 것이다.

지중해에서 세계 여러 나라
친구들과 선상 파티하기

    텔레비전 광고 중에서 대한항공 광고가 생각난다. 크로아티아의 아름다움을 표현하는 광고이다. 지중해와 함께 펼쳐져 있는 크로아티아의 아름다움은 그곳을 꼭 가보고 싶도록 한다.

    여행을 좋아하는 나 역시 그 광고를 볼 때마다 무척이나 가고 싶다는 생각을 한다.

    여행을 다니는 것을 좋아하지 않는 사람은 극히 드물 것이다. 예쁘고 아름다움을 보거나 경험하는 것을 싫어하는 사람이 누가 있겠는가!

    나는 세계 여행을 하면서 사귄 친구들과 지중해에 떠 있는 하얀 배 위에서 선상 파티를 하는 것이 꿈이자 목표이다.

    세상에는 재미있는 일이 참 많지만 그중에서 여행하는 것이 가장 재미있다.

세계의 다양하고 재미있는 경치며 사람을 만나는 것이 그토록 재미있을 수가 없다.

내가 세계 여행을 하고 싶다는 꿈을 꾸게 된 것은 외국 여행을 통해 세상에는 흥미진진한 것도, 호기심 어린 것도 많다는 것을 알게 되면서부터이다. 특히 호주 어학연수를 하면서 많은 것을 보고 느끼고 몸소 경험을 했기에 더욱더 그 꿈을 꾸게 되었는지도 모른다.

그리하여 나는 대학생을 보면 어학연수와 배낭여행은 지금 그 시기 아니면 기회가 없다는 것을 알려주고 싶다. 여유가 있다면 어학연수를 1년 정도 다녀오고 그것이 어렵다면 배낭여행이라도 다녀오는 것이 어떻겠냐고 말이다.

그것이 자신의 인생을 바꿔줄 판도라의 상자가 될 수 있다는 것을 나는 직접 경험을 통해 겪어 보았기 때문에 추천할 수 있는 것이다.

그래서일까? 나는 매일 새로운 꿈을 꾼다. 경험이 얼마나 소중한 것을 알기 때문에 가능한 일이다.

세계 각지에 흩어져 있는 친구들을 모아서 파티를 하고 싶다는 작지 않은 꿈은, 돈 많은 부자 또는 친구가 많지 않고서는 과연 가능한 꿈일지 회의가 들지도 모른다. 하지만 나는 현재 돈이 많은 부자도 아니고 친구가 많은 인맥 부자도 아니다. 다만 꿈을 꾸는 평범한 30대이지만 그럼에도 불구하고 꿈을 꾸기에 앞으로 나아가는 힘이 생긴다.

꿈과 미래의 크기는 비례한다. 꿈이 클수록 미래는 찬란하고 아름다울 것이며 앞으로의 성장이 기대된다.

꿈이 있으면 내 자신이 성장한다. 성장하는 것은 앞으로 이룰 것이 많다는 것이고 그것은 무엇인가 하나하나 이룰 때 알 수 있다. 이루고 있음에 내 자신이 뿌듯함과 성취감을 맛볼 수 있기 때문이다.

그렇기 때문에 꿈의 크기는 자신의 미래의 모습이라고 할 수 있는 것이다.

나 역시 꿈을 위해서 한 발 한 발 나아가고 있지만 무엇인가 이룰 때 그 희열은 말로 설명할 수 없을 정도로 기쁘다.

지금부터 눈을 감고 호흡을 내쉬었다 들어쉬었다 하며 몸의 상태를 편안한 상태로 만들어보자. 그리고 생각해보자.

우리나라에서는 보기 힘든 에메랄드 빛깔의 바다 위에 하얀 배를 생각해보자.

그 속에 내가 있다. 그것만으로도 뭔가 멋질 것 같은데 거기에 세계 각지에서 온 나의 친구들과 선상파티를 한다고 생각해보자.

뭔가 대단한 위치에 올라간 느낌이 팍팍 들지 않은가!

그 상상만으로 나는 행복해지고 나도 저렇게 되고 싶다는 생각이 든다.

행동하면 이루어진다. 행동하지 않으면 아무것도 이루어지지 않는다.

행동이 있을 때 꿈은 이루어진다.

꿈은 꿈일 때가 아름답다는 사람들이 있다. 꿈을 이루고 나면 허탈하다는 사람도 있다. 물론 그럴 수 있다. 하지만 꿈에는 끝이 없다고 생각한다.

꿈을 이루고 나면 다음 꿈을, 또 꿈을 이루고 나면 다음 꿈을, 새로운 것이 업그레이드되면 내 자신도 업그레이드되어 가는 것이 세상의 이치인 것 같다.

그러면서 자신만의 꿈에 대한 이론을 내놓기 시작한다. 꿈을 이루어봤기 때문에, 경험이 있기 때문에 경험담을 이야기할 수 있는 것이다.

그리고 그 경험의 바탕에서 당당하게 웃을 것이다.

초대장을 보관하고 있다가 그 초대장을 보여주면서 말할 것이다.

'나는 선상 파티도 해봤어. 세계에 흩어져 있는 친구들과 함께 말이야. 다 외국인이었어. 정말 환상적인 파티였어. 내 이야기 들어볼래?'

추후 환상적인 파티에 초대할 친구들에게 초대장을 보낼 것이다.

〈초 대 장〉

TO. 사랑하는 친구 OOO OOO에게

안녕? 그동안 잘 지냈니?
갑자기 편지를 보내서 정말 놀랐을 거야!
깜짝 놀랐다면 내 작전이 성공했어.
내가 재미있는 파티를 준비했어.
세계에 흩어져 있는 내 친구들을 모두 초대할 거야.
그리고 정말 멋진 파티를 할 거야.
새로운 친구들을 만들 수 있는 좋은 기회야.

너도 그 자리에 와서 파티를 즐기며 빛내줬으면 좋겠어.
참고로 선물은 사오지 않아도 돼.
친구들과 재미있게 노는 자리이니
너도 와서 그 자리를 빛내줬으면 좋겠어.
꼭 참석해줄 거라고 믿으면서, 기다릴게.
그럼 파티 날 보자. 잘 있어.

FROM. 환상적인 파티로 초대하고 싶은 OOO OOO의 지영

파티 날짜: 2040년 5월 10일
시간: 오후 8시
장소: 에메랄드빛의 바다가 펼쳐진 하얀 배 위에서
[정확한 위치 표기는 장소 섭외 후 작성 예정]

☆ 꿈을 꾸는 배에 초대합니다. ☆

나와 함께 할 수 있는 친구들을 모여서 파티를 한다. 눈을 감고 생각해본다.

지상에서 하는 것도 멋진 파티가 될 수 있겠지만 선상에서 한다면 더욱 멋진 파티가 되지 않을까?

누구나 꾸지만 나만의 꿈을 꾸는 것이 진짜 꿈이 아닐까?

누구에게도 구애받지 않으면서 꾸는 것이 진짜 꿈이고 스스로 생각하고 선택하는 것이 정말 아름다운 꿈이 아닐까 싶다.

생각대로 실천하다 보면 행동이 곧 삶의 진수라는 것을 깨닫게 되

는 순간이 올 것이다.

　이제 나만의 미래를 그려 나갈 것이다. 그 순간을 위해서 하루하루 살아가는 것은 아닐까?

나만의 드림리스트를 만들자

정재원
직장인

22년째 한 곳에서 직장인으로 재직 중이다. 평범하면서도 가정과 직장생활의 치열한 삶과 시련 속에서 자신을 돌아보는 계기가 생기며 책 읽기와 글쓰기를 몰입하며 위로를 받았다.
현실에만 연연해하는 삶이 아닌 가슴 뛰는 삶을 살고 싶었다. 어릴 때 하고 싶었으나 이루지 못한 꿈, 지금 이루고 싶은 꿈을 그리며 다시 도전 중이다. 은퇴 없는 책 쓰기로 자기계발 작가 및 동기부여 강사가 되어 힘든 이들에게 희망의 메시지를 전하고 싶다.

Email : kj21cegi@korea.kr

책 쓰기 저작활동으로 평생 현역으로 살기

언제인가는 몰라도 막연하게나마 '평생 살면서 책 한 권 정도는 써서 남기고 가는 인생을 살아야 하지 않겠는가.'라는 생각을 하며 살았다.

그러나 그것이 운명처럼 책을 쓰는 계기가 된다거나 어느 날 갑자기 하루아침에 재능을 발휘해 드라마틱하게 책을 쓰게 되는 것이 아니라는 사실을 깨닫게 되었다.

물론 아예 책을 쓰겠다는 생각조차 하지 않은 사람보다는 잠재의식 속에 내장된 프로그램이 언젠가는 발동될 가능성이 없는 것은 아니었다.

그 언젠가를 기다리는 것이 아니라, 무엇보다도 그를 이끌어 낼 동기부여가 중요할 것이다.

우선은 책을 많이 읽는 것이 최우선이다.

책 읽기는 우리 인생에서 큰 돈 안 들이고 가장 많은 효과를 얻을 수 있는 획기적인 투자 방법이며 책 읽기를 통해 저자의 일평생 살아온 지혜를 불과 몇 시간 만에 배울 수도 있고, 교훈과 식견도 기를 수 있다.

우리가 살아가면서 수많은 선택의 기로의 있을 때 판단할 수 있도록 해주는 것도 독서의 힘이다.

진정으로 인생의 변화를 갖기 원하는 사람에게 주는 해답도 독서라 생각하며 삶이 무겁고 허무해 주저앉고 싶을 때 역시 책 속에서 따뜻한 위로를 받을 수 있다.

그럼에도 불구하고 문화체육관광부에서 2년마다 실시하는 "2017 국민독서실태" 조사에 따르면 우리나라 사람들의 연간 독서율은 점점 감소하고 있고 이는 OECD 국가 평균에도 못 미치는 수준이라고 한다.

조사결과에 의하면 2017년에 우리나라 성인 10명 중 4명은 책을 한 권도 읽지 않은 것으로 집계됐으며 이는 조사가 처음 이루어진 1994년 이후 가장 낮은 수치라고 한다.

나 또한 많은 분량은 아니더라도 그냥 틈이 나는 대로 독서를 했지만 2013년도에 사내 직원을 위한 교육 프로그램인 독서아카데미를 신청하면서 본격적인 책읽기와 몰입독서를 하는 계기가 되었다.

독서아카데미는 1년에 최대 6회 한도 내에서 원하는 달에 내가 읽고 싶은 책을 직접 선택하면 위탁 교육기관에서 택배로 책을 보내온다. 그 책을 읽은 후 신청한 달 말일 안에 해당 프로그램에 독후감을 입력하여 제출하면 교육 5시간도 인정받는다.

내가 읽고 싶은 책도 읽으며 또 소장할 수 있으니 그야말로 일석 삼조였다.

독후감을 제출한 후 위탁교육기관을 통해 최종평가 결과가 점수로 나오고 평가 피드백을 받아보는 성과의 쾌감도 제법 있었다.

그래서 더욱 적극적인 독서와 피드백을 통해 쓰기의 부족한 부분을 보충하려는 노력을 하게 되었다.

바쁜 와중에도 일을 하며 퇴근 후 짬짬이 시간을 내 독서를 하면서 어렵고 힘들었던 시기에 내 상처를 치유하는 역할과 자아가 더욱 성장함에 따라 이제 책읽기에서 나도 책을 쓰고 싶다는 생각이 솟구치기 시작했다.

책을 읽고 나면 아무것도 생각나지 않는 것 같아도 다독과 정독을 통한 많은 정보들이 우리 안에 점점 스며들고 쌓이며 비로소 쓰기의 능력도 자라나는 것을 느낄 수 있었다. 또한 책을 읽고 난 후 생각으로만 끝나던 여러 감정들이 공기 속의 연기처럼 사라지지 않도록 기록하는 메모의 습관은 큰 자산이 되기도 한다.

우리는 초등학생 때 선생님이 일기를 검사했기 때문에 억지로 쓰는 경우가 적지 않았다.

그러나 비록 억지로 쓴 것일지라도 그것이 습관이 되어 누가 강요하지 않아도 자연스럽게 일기를 쓰게 되었고 이후에도 꾸준하게 일기를 써왔다.

하지만 한참 취업 준비를 위한 공부, 그리고 취직 후에는 업무에 쫓기고 퇴근 후에는 개인생활로 바쁜 나날을 보내면서 삶의 기록을 날려 보내게 되었다.

그러던 어느 날, 문득 이 귀중한 시간과 기억을 꼭 남겨야겠다고 생각한 것은 결혼 후였다. 아이를 낳아 키우면서 엄마로서의 느낀 소중한 감정과 아이들의 사랑스러운 모습을 남기기 위해 육아일기를 쓰게 된 것이다.

계기와 의도는 너무나 좋았는데 연년생을 낳아 양육을 하다 보니 날마다 육아전쟁에 시달리고 있는 나는 써 놓은 일기장을 아무 데나 놓아두는 바람에 어느 날은 우리 아이가 일기장 찢는 놀이를 하고 있었다.

"으악, 이걸 찢으면 어떡해."

철모르는 딸을 나무랄 수도 없고 관리를 제대로 못한 내 탓이지만 그때 더 이상 육아일기를 쓰지 않고 중단한 것은 지금 생각해봐도 매우 유감이다.

지금도 여전히 새해가 되면 일기 쓰기가 버킷리스트며 실천하기 위해 노력하고 있다.

이제라도 일상을 기록하고 성찰하며 치유하는 시간으로 삼고, 지속적으로 시간을 할애하며 나도 언젠가는 세상에 도움이 되는 책을 쓰고 출간할 수 있는 계기로 이어질 것이다.

이와 같이 기록하는 습관은 쓰기의 기초이며 나아가 책 쓰기와 저작활동으로 이어지는 중요한 일이다.

나는 한 달에 두세 권 이상의 책 읽기와 읽은 책에다 순번을 붙여 제목, 저자와 출판사, 그리고 읽은 날짜를 기록하는 독서록을 썼다.

그것을 나중에 다시 읽게 되면 다시 한번 그 책을 읽는 다독의 효과를 주는 것은 물론 내가 어떤 자료가 필요할 때마다 꺼내 쓸 수 있는 보물 창고 역할을 한다. 또한 그 독서록은 시간을 절약해 주는, 유용한 나의 재산 목록이 되었다.

하지만 읽은 책을 바로 기록하지 않고 공백으로 놓아둔 채 미룬 것은 지금도 여전히 공백으로 남아 있다. 아무리 기억을 상기시켜 적어보려 해도 어렴풋이 생각날 뿐 자세히 적을 수가 없다는 것이다. 바로 쓰기의 실천이 얼마나 중요한지를 보여주는 반증이라 생각된다.

나는 지금 내 생애 최초로 책 쓰기에 도전 중이다.

좀 더 젊었을 때 이런 생각을 못 했을까 하는 아쉬움도 있지만 시작하기에 늦은 나이는 없다. 지금도 여전히 책 쓰기가 늦춰지고 있지만 새로운 일을 시작할 때 엄두가 안 나고 두려움이 발목을 잡아 차일피일 미루고 산다면 평범한 사람으로 살 수 밖에 없다.

자신을 특별한 인생으로 살고 싶다면 꿈을 위한 도전을 더 이상 미루지 말아야 한다.

어떤 작가는 말했다.

"그저 당사자가 작가가 아니라서 굉장한 사건들이 기록되지 않는 것, 글로 표현되지 않는 것이 늘 유감스러운 일이다."

저작활동을 너무 거창하게만 생각하지 말고 사소한 것일지라도 일상생활 속에서 메모와 기록하는 습관을 갖는다면 상상력을 높여

주고 언젠가 멋진 작가가 되어 있을 것이라 생각한다.

지금 현직에 있을 때 준비하고 노력하며 투자를 한다면 은퇴 후 가슴 뛰는 삶의 주인공이 될 수 있으며 행복한 인생을 살아갈 발판이 될 수 있다.

책을 읽으면 인생이 변할 수는 있지만 인생을 바꾸려면 책을 써야한다는 것을 결심하면서 2019년 첫 책 쓰기와 출간으로 매년 활발한 저작활동을 꾸준히 하는 작가이고 싶다.

기왕이면 자기계발 분야와 자전적 에세이를 시작으로 소설과 시를 쓰고 창작하는 문학의 범주까지 도전하고 싶다.

많은 독자들에게 동기부여를 하고 공감과 소통을 나눌 수 있는 독자층을 형성하여 존경받고 영향력 있는 작가가 되어야겠다.

은퇴하거나 노후가 되면 외로움과 고독을 느끼는 어르신들이 많다고 한다. 그러나 책 읽기를 좋아하고 글쓰기를 업으로 삼아 꾸준히 도전한다면 혼자라고 외로움을 타거나 고독할 시간이 없다.

이러한 저작활동은 꾸준한 두뇌 활동과 손을 지속적으로 사용함으로써 노인들의 사회문제가 되고 있는 치매를 예방할 뿐 아니라 건강하고 자신감 넘치는 삶을 영위할 수 있게 한다.

이 꿈이 단지 꿈같은 일로 끝나지 않기 위해서 부단한 노력이 필요할 것이다.

자기관리와 저작활동 목표를 설정하고 실천해 나가는 열정이 있어야 열매 맺는 결과물이 있게 된다.

예전에는 특별한 사람만 책을 쓸 수 있는 것처럼 인식되었지만,

지금은 남녀노소를 불문하고 누구나 책을 쓸 수 있다.

책을 쓰는 작가로 평생 은퇴 없는 현역으로 살아갈 그날을 상상하며 내가 쓴 책을 많은 독자들이 읽고 공감받는 베스트셀러, 스테디셀러가 되어 대형 서점에서 저자 사인과 강연회를 여는 일이 현실로 다가오고 있다.

그때를 위해 지금 도전하기를 멈추지 말고 포기하지 말자.

평범했던 내가 책을 써 작가로서 열정적인 삶을 산 것처럼 언젠가 나의 자녀들이 엄마의 모습을 본보기로 삼고 책을 쓰는 일에 도전한다면 이보다 더 기쁨과 보람이 있겠는가…….

선한 영향력을 주는 명강사,
다시 듣고 싶은 스타 강사 되기

마이크를 잡으면 긴장감도 생기지만, 내 안에서 열정과 가슴이 뛰는 설레임과 행복감을 느끼곤 했다.

학교와 교회, 직장에서 시낭송을 했고, 교회와 사회에 나와서는 행사나 음악회 등에서 사회자의 요청을 받아 무대에 서보는 짜릿한 긴장감과 가슴 뛰는 삶을 조금이나마 맛보게 되었다.

이런 일이 내가 진정 하고 싶어 하는 일이라는 것을 느꼈어도 그런 로망은 뒤로 한 채 현실에만 급급해 살아가기가 바빴고, 제대로 꿈도 못 꿔보고 먹고 사는 문제를 해결할 수 있는 안정적인 직업을 가져야 현실에서 자립할 수 있는 최우선의 길이었다.

우리 가족은 모두가 공무원이라고 해도 과언이 아닐 만큼 아버지, 오빠들, 형부가 공직에서 근무하고 있었다.

어릴 때는 공무원은 보수적이라 생각했기 때문에 정말 고리타분

한 일은 안 하겠다고 큰소리쳤지만, 벼랑 끝에 몰리니 나 또한 선택한 길이 공무원이었다.

그때만큼은 다른 선택의 길이 없었다.

초등학교 교사였던 아버지가 병으로 일찍 돌아가시고 나니 집안 형편은 어려웠고 나를 지원해줄 만한 후원자나 정신적 멘토도 없이 반항심으로 대학 가는 길을 일찍 포기했기에 내 학력과 경력으로는 원하는 직업에 명함을 내밀 수가 없었다.

요즘 많은 청년들이 직업 공무원을 선호하고 공시생이란 말이 생겨날 정도로 경쟁률이 치열하지만, 내가 공부한 20여 년 전 역시 경쟁이 치열했다.

고생 끝에 고졸이라는 학력으로 당당히 합격하여 직업공무원이 되었으니 내 미래를 위한 대책이 해결되었다고 생각했고 마냥 기뻤던 것이다.

공무원 생활과 더불어 대학공부를 병행해 졸업도 했지만 어느새 경력이 쌓여가며 조직의 경직된 틀과 문화가 나와는 어울리지 않는다는 생각이 들면서 한편으로는 안정적인 삶에 길들여져 가는 나를 어쩌지 못하고 현실에 안주하며 살아왔다.

그러니 나와 어울리지 않는 옷을 입고 있다고 생각해도 당장 갈아입을 새 옷을 준비하는 데는 게을렀던 것이다. 가슴 뛰는 일을 해보고 싶다는 생각을 하면서도 당장 하는 일이 나쁘지만은 않았고 벗어던지기에는 여러모로 아쉬웠다.

따라서 하고 싶은 꿈은 있어도 현실에 안주하면서 절박함은 사라지고 어영부영 세월은 너무도 빨리 흘렀다.

젊은 청년의 시절은 흘러갔고 어느덧 중년의 나이에 걸터앉았다
는 것이 실감이 나지 않을 만큼 시간은 빨리 흘러갔다.

그러나 아무것도 준비하지 못한 세월은 잔혹하리만큼 그 누구도
보상해 주지 않는다.

나름대로 성실하게 살았고 늘 바쁘게 살면서 앞만 보고 달려왔는
데도 그저 목표도 없이 바쁘게만 살아가는 인생에 남는 것이 없었다.

취준생이 절박함 때문에 직장을 얻을 수 있듯이 꿈도 간절함과 절
박함이 있어야 한다. 먹고사는 문제에 매달리다 보면 꿈을 향해 달
려 나갈 수도 없고 꿈의 날개도 잃게 된다.

최근 몇 년 전부터 꿈틀거리는 소망이 생겼다.

내가 사는 도시에서는 시민들을 위하여 각 분야의 유명한 명강사
를 한 달에 한 번 정도 초청하여 문화회관에서 서산시민아카데미를
강연하고 있다.

좋은 강연을 듣고 자기계발과 동기부여의 기회로 삼고자 가급적
아카데미에 참석하여 강연을 듣고 있는데 긍정적인 자극을 많이 받
게 된다.

그리고 나 역시 유명한 강사들처럼 선한 영향력을 주는 명강사가
되고 싶다는 꿈을 갖게 되었다.

강사의 강연에 빠져들고 공감하면서 내가 만약에 저 무대에 서서
강연을 한다면 무엇을 어떻게 이야기할까 상상을 해보곤 했다.

상상만으로도 가슴이 벅차고 두근거리지만 금세 의기소침한 생각이 침범하는 것이다.

강연자들은 각 분야에서 유명세를 탄 사람들이거니와 나는 내세울 만한 업적이나 스펙도 부족하다는 부정적 생각과 무대에 대한 공포와 두려움이 엄습해왔다.

그러나 그 강사들도 처음에는 나 같은 생각이 들었을지라도 두려움을 극복하고 꿈에 도전한 사람들이며 지금은 당당히 성공하여 남들에게 부러움의 대상이 되었을 것이다.

또한 작은 성공에 만족하지 않고 더 많은 성장을 위해 피나는 노력과 도전으로 최고봉에 올라갔을 것이건만 남들 눈에는 겉모습만 보고 평탄한 삶으로 오해할 수도 있다.

자신이 원하는 삶을 살고자 한다면 낯설고 새로운 일에 도전하는 것을 두려워하지 말아야 한다. 현실에 안주하거나 발목을 잡혀 진취적으로 나아가지 않는다면 결코 특별한 삶을 살 수 없다.

나는 강사가 되기 위한 꿈과 마인드변화를 시도하기 위한 도전으로 '강의스킬과정' 집합교육을 신청하였다. 2박 3일 교육과정 내내 참여형 실습, 리허설, 마침내 강의 시연과 피드백으로 프로그램이 꽉 짜여 있었다.

막상 닥치니 머리가 하얘지는 것 같았고 발표하는 것이 두려워졌다. 차라리 편하게 쉬다 올 수 있는 교육이나 신청할 걸 그랬다는 생각에 내 허벅지를 찌르고 싶었다.

같은 배를 탄 교육생들은 강연 경험이 많은 프로 강사처럼 발표를 잘했다. 그럴수록 나는 기가 죽어 내 순서가 오는 것이 두려웠다. 정말 내 차례는 그냥 넘어갔으면 좋겠다는 생각이 들며 내 꿈은 온데간데없이 나약해지고 있었다.

그러나 패잔병으로 돌아갈 수는 없었다.

꿈이 있어 도전했고 두려움의 극복을 통해 점점 성장해 가는 나 자신을 격려하기로 했다. 첫술부터 배부른 사람은 없다. 실패와 아쉬움을 거듭할수록 부족한 부분은 메워지고 채워나가는 것이다.

강연의 첫 번째 중요한 기준은 무엇을 말하고자 하는 콘셉트를 정하는 것이다.

주제와 방향이 정해지면 스피치할 내용의 대본을 체계적으로 작성해 봐야 한다.

어느 누구도 처음부터 설계도라는 대본 없이 술술 말하는 사람은 극히 드물 것이다. 물론 오랜 경험을 통해 대본 없이 즉각적인 스피치가 되는 사람도 있을 수도 있겠지만, 대본을 완벽하게 작성했다고 해도 그것을 보고 읽을 수는 없는 것이다.

나는 기억력이 좋지 못해 한 문장을 통째로 외우는 것은 잘 못 한다. 암기한 것을 말하다 한 번 막히면 그 다음 것까지 와르르 무너지면서 당황하며 우왕좌왕하게 된다.

김미경 원장은 수없이 많은 강연을 하고 있으면서도 지금도 무대에서 스피치를 하기 위해 완벽할 때까지 수십 번 연습을 한다고 한다. 그런 철저한 프로 의식이 스타 강사를 탄생시켰으리라 짐작하게 된다.

나도 실전처럼 리허설을 준비하는 철저함을 본받아야겠다.

청중에게 감동을 주고 웃음을 주는 강연을 한다는 것은 생각보다 쉬운 일은 아니지만 나 또한 청중과 공감할 수 있는 콘셉트를 가지고 에너지와 동기부여를 주며 웃음을 주는, 기왕이면 유머 감각까지 넘치는 명강사가 되고 싶다.

내가 강의스킬 과정에 도전을 시작한 것처럼 한 산 한 산 넘다 보면 성장하고 발전한 나를 자랑스러운 모습으로 바라볼 수 있게 될 날이 올 것이다.

감미로운 목소리로 시청자의 마음
사로잡는 DJ 되기

요즘은 스마트기기 발달과 동영상 플랫폼 유튜브가 젊은 층뿐만 아니라 노년층까지 확산되고 있다.

2019. 1. 22. 서울경제신문 기사에 따르면 50대 이상 층에서도 유튜브 이용이 급증하면서 1인당 월 평균 시청시간이 922분에 달했다고 한다. 이는 2018년 시청시간 78%, 사용자수는 24% 증가된 수치라고 밝혔다.

유튜브 한 곳에서 사람들이 원하는 전 분야를 망라한 다양한 콘텐츠를 접할 수 있고, 이 콘텐츠가 활자가 아닌 영상이라는 점에서 다양한 연령층의 시청자들이 대폭 늘어나고 있는 추세이다.

나 또한 인터넷 포탈 검색과 TV를 시청하는 시간보다 요즘은 유튜브를 보는 시간이 부쩍 늘었다.

내 손안에 있는 스마트폰은 컴퓨터나 TV보다 장소를 가리지 않고 무엇보다 자기 전에 침대 위에서 볼 수 있기 때문인 듯하다.

관심 있는 다양한 분야를 시청하면서 유명한 사람들도 있지만 대다수 일반인들의 유튜브 크리에이터가 증가했고, 자신만의 콘텐츠를 구축하여 꾸준한 시청과 구독자 수를 늘려가는 인기 유튜버들도 많이 등장하면서 경쟁과 과열이 느껴지기도 한다.

내가 필요로 하는 동영상을 찾아다니면서 정보습득과 유용한 것을 얻는 것도 매우 유익하지만 어느 순간 나는 나만의 잘할 수 있는 주제와 콘텐츠 구축을 하는 크리에이터가 되지 못하고 시청자와 구독자로만 살아야 하는가라는 의문이 든다.

나 또한 '나다움'을 대표할 수 있는 나만의 전문성과 콘텐츠를 만드는 데 노력을 게을리하지 말아야겠다는 생각을 하게 되었다.

한 번뿐인 인생, 누구나 멋지게 살아가길 소망하지만 무엇인가를 도전하고 창조한 것을 표출하는 것 또한 대단한 용기가 필요하다.

나와 친한 친구의 딸은 초등학생 때 친구와의 갈등과 문제로 어려웠던 내면을 그림으로 그려 자신의 상처를 치유하고 여러 장의 그림을 사진으로 찍어 움직이는 스톡모션을 제작해 유튜브에 올리기 시작했다고 한다.

처음부터 시청자 수와 구독자를 의식한 제작이 아닌 초등생의 순수한 동기에서 시작한 '개토리'라는 유튜브는 160개의 동영상과 구독자수 13만 명, 조회 수가 147만 회도 넘는 인기 동영상도 있다.

책 쓰기에 같은 뜻을 가지고 계신 지인 역시 불과 한 달 전부터 유튜브 동영상을 촬영하고 편집하여 올린 것을 직접 시청하니 정말 신기함을 감출 수가 없다.

내 친구의 딸부터 바로 옆의 지인이 유튜브의 크리에이터가 될 수 있다는 것은 누구나 도전할 수 있는 분야임에도 나는 다만 용기가 없을 뿐이다.

이제는 하물며 노년층의 유튜브 스타 크리에이터도 등장하였다.

2018년 1월에 계정을 개설한 '박막례 할머니' 채널은 올 1월 11일 기준 구독자 수 65만 명, 동영상 174개를 제작했는데 꾸미지 않는 할머니만의 개성을 살린 콘텐츠로 구성되어 있었다.

약간 코믹하면서도 사투리와 투박한 말투로 요즘 뜨는 핫한 것을 패러디한 구성으로 자신의 개성을 맘껏 살린 것이 시청자들에게 먹혔다고나 할까…….

나는 어릴 때부터 목소리가 예쁘고 좋다는 이야기를 많이 들었다. 그로 인해 초·중·고등학교 국어시간에 책을 낭독하거나 시를 낭송하는 일이 많아지면서 나의 목소리로 꿈을 이루고 싶은 소망이 있었다.

비록 그 꿈을 이룰 수 있는 길로 오지는 못했지만 지금도 못내 아쉬움이 있다.

직업과는 별개로 나의 목소리를 필요로 하는 행사에서 요청이 오면 기꺼이 사회를 봐주거나 내레이션 및 시낭송 등을 하며 대리만족하며 지냈다.

70세가 넘는 연세에도 책을 쓰거나 유튜브 크리에이터가 되기도 하지만 나는 목소리가 조금이라도 낭랑하고 더 나이를 먹기 전에 내 목소리를 사용하는 일에 전념하고 싶지만 과연 무엇을 할 수 있을지 이제부터라도 고심을 해봐야 할 것이다.

누가 봐주든 말든 아주 의식하지 않을 수는 없지만 너무 예민해하지 말고 내가 좋아하는 책을 읽어주는 여자로서, 음악과 함께 감미로운 시낭송을 하고, 동화구연을 배워 활동할 수도 있을 것이다.

또한 책 읽는 것을 좋아하므로 독서를 통한 지식 나눔과 소통을 위한 북튜버로 활약한다면 더 많은 지식이 쌓일 것이고 다른 사람들에게 꿈과 용기를 줄 수 있는 동기부여가로서 큰 보람이 되리라 믿는다.

내가 겪은 고난을 통해 더 많은 사람들을 이해할 수 있는 폭과 공감력은 더 나아가 나의 자양분과 다른 사람들에게도 힘과 용기를 줄 수 있는 계기가 될 것이다.

내가 다른 사람보다 뛰어나서가 아니라 꿈은 실천하는 것이고 이루는 것이며, 작은 성취를 통해 성공의 기회와 자기만족감을 높이는 행위이다.

지나치게 남을 의식하고 체면을 따지는 사람은 대범할 수 없고 삶의 그릇도 제한적일 수밖에 없다.

지금 나에게 필요한 것은 꿈을 위한 체계적인 준비와 용기이며 실행력이다.

나만의 콘텐츠를 잘 구축하여 꾸준히 활동하다가 어느 날 내가 유명한 사람이 되어 기회가 주어진다면 시청자의 마음을 사로잡는 공중파 라디오 프로그램 DJ도 되지 말란 법이 있을까……

허무맹랑한 꿈을 꾸지 말라는 사람도 있을 것이다. 그러나 늘 막연하게 사는 것이 아니라 꿈의 지도를 구체적으로 그리되 빅픽처를 그려야 한다.

내가 원하는 그림을 생각했다면 꿈의 리스트를 꼭 글로써 구체적으로 적고 목표를 명확히 하여야 한다.

세상에 태어나 하고 싶은 일이 너무나 많다고 하지만, 모든 일을 다 할 수는 없다. 관심이 분산되다 보면 어느 것 하나 제대로 할 수가 없을 것이다.

하고 싶은 일 몇 가지를 정했다면, 선택한 것에 집중하고 그 외의 것은 과감히 포기하는 것도 선택이다.

세상은 욕심으로 다 되는 것이 아니며, 도전한 것에 집중하여 최선을 다하는 것은 기본이지만 또 운도 따라줘야 할 것이다.

간절히 바라고 원한다면 행운도 내 편이 되어 줄 것이다.

좋은 기운이 늘 지배할 수 있도록 긍정적 마인드를 가지고 꿈을 향해 달려 나가자.

자유로운 영어회화 구사로
코이카 해외봉사단 활동하기

퇴직 후 갑자기 변한 환경에 적응하지 못하는 퇴직 연착륙 실패자들이 속출, 사회문제가 되고 있다.

퇴직 후 소속감의 부재와 공허감, 그리고 미래 불안감 등으로 우울증에 시달리다가 잘못된 선택을 하는 경우도 종종 발생하고 있다.

특히 조기에 밀려나 재취업하는 일반 기업체 퇴직들보다 60세(공로연수 포함) 정년을 채우고 은퇴하는 행정, 경찰 등 공무원 퇴직자들에게서 더욱 심하다는 보도 자료를 2019. 1. 28일자 충청타임즈 신문에 대서특필하였다.

퇴직을 10여 년 정도 앞두고 있는 선배는 나에게도 곧 닥칠 미래라며 은퇴생활 연착륙에 실패하지 않게 미리 미리 설계하고 은퇴 준비를 해야 됨을 강조했다.

조직에 있을 때는 하고 싶은 일이 있어도 짜인 직장생활과 틀 속에 갇혀 사느라 자제하거나 억누르며 살아 온 직장인들이 많을 것이며 나 또한 그렇다.

퇴직하기만 하면 자유롭게 내가 하고 싶은 일 마음껏 즐기며 살겠다고 큰소리치지만 준비 없는 은퇴는 큰 재앙이 아닐 수 없다.

자유롭게 여행하고 놀러 다니는 것도 몇 번에 불과하지 바쁘게만 살다가 갑자기 소속감이 사라진 상태에서 남아도는 시간을 어찌할지 몰라 불안감과 우울증에 빠지는 것은 자명한 일일 것이다.

많은 사람들이 머리로는 충분히 알고 이해도 하지만 현직에 있을 때 생각처럼 준비를 하지 못한다는 데 큰 문제점이 있다.

그래서 어영부영 세월은 가고 설계와 탄탄한 준비도 없이 퇴직을 맞이하고 만다.

한 후배는 작년에 직장에 와서 만나 이야기하던 중 나중에 퇴직하면 코이카 해외봉사를 가고 싶다는 말을 했다.

평소 나도 외국 생활 체험과 외국어(영어)에 관심을 많이 가지고 있었기 때문에 자세히 물어보게 되었다.

그리고 검색해 보니 개발도상국에 우리의 선진 기술, 문화, 행정, 언어 등을 가르치고 전수하는 프로그램으로 1~2년 해외 파견하는 봉사활동이었다.

나는 그동안 바빴던 직장생활로 봉사활동이나 외국에 나가 장기간 생활하는 것은 극히 드문 일이고 쉽지 않은 일이다.

그런데 내가 퇴직할 때쯤에는 자녀들도 장성했으니 자유롭고 우리의 전문적인 지식 나눔을 전수하여 개발도상국의 경제사회발전과 복지증진을 위한 봉사의 보람도 있을 것이다. 현지 언어를 통해 원어민과 소통할 수 있다는 점에서도 꼭 해보고 싶은, 끌리는 일 중의 하나가 되었다.

그러나 가고 싶다고 무조건 갈 수 있는 것이 아니라 매우 높은 기준과 심사를 통과해야 파견될 수 있다고 한다.

기본적으로 언어가 소통될 수 있는 어학 실력을 갖추어야 하며 파견국에서 전수할 수 있는 기술 자격증이 요구된다.

뿐만 아니라 임지에 파견되어 업무 수행을 해야 되므로 신체 건강에 문제가 있다면 열정과 능력, 기술이 있다 하여도 합격을 할 수 없다고 한다.

젊었을 때 경험을 위한 해외 봉사 파견이 아닌 퇴직 후 50세 이상은 시니어 단원으로 지원하게 되므로 나는 이 세 가지 건강, 언어, 자격증 등 합격 조건을 위해 지금부터 조금씩 꾸준히 준비하고 노력하여 성과가 있는 삶을 살아야 하겠다.

나는 늘 영어를 자유롭게 구사할 수 있는 어휘력과 실력을 갖고 싶었다. 다른 나라 말을 배우고 듣기와 말할 수 있으려면 정말 부단한 노력이 필요하며 만만한 일이 아니다.

거의 10여 년 전, 영어 6주 과정 교육을 이수하고 10년 가까운 세월이 흘렀지만, 목표한 만큼 수준급 실력에 이르지는 못했다.

원어민 전화영어 학습을 하루 10분, 4년 동안 하였지만 아직은 부족하다. 후회 없는 5년, 10년 후를 위해 다시 한번 도전으로 어학공인인증 자격증에 도전해 보려고 한다.

직업이 자격증이 된다면 더할 나위 없이 좋겠지만, 20년 이상 근무한 행정 공무원의 유일한 자격증은 행정사이다.

공직 생활 경험으로 개도국 관공서 및 공공기관에 지식 나눔 봉사가 된다면 기꺼이 봉사하길 원한다. 이뿐 아니라 평소 못 따 놓았던 자격증 취득을 위해 자기계발에도 더욱 정진을 하고 싶다.

또한 건강만큼 소중한 것은 없다.

어느 날 한 지인이 메신저로 문자를 보내 왔다.

유쾌하게 저녁식사를 마치고 귀가했는데 갑자기 허리가 아팠다고 한다. 자고 일어나면 괜찮겠지 하며 대수롭게 여기지 않았는데 아침에 침대에서 일어나기조차 힘들고 평소에 하던 세수, 옷 입기 등 사소한 일들이 하룻밤 사이에 너무 어려운 일로 바뀌었다는 것이다.

중국 속담에 이런 말이 있다.

"기적은 하늘을 날거나 바다 위를 걷는 것이 아니라, 땅에서 걸어 다니는 것이다."

지인이 예전엔 싱겁게 웃어 넘겼던 소소한 일상이 건강하지 않은 사람에게는 기적이라는 것을 깨달았다는 것이다.

얼마 전 나 역시 감기를 안일하게 생각하며 제때 치료를 안 해 한참 고생을 했었거니와, 자신의 건강 증진을 위해 운동은 물론 좋은 건강보조 식품과 양질의 식품으로 기운을 복돋고 생명유지를 위한 비용 투자에 아끼지 말아야겠다는 깨달음이 있었다.

삶은 새로운 것을 받아들일 때만 발전한다. 리즈니쉬는 '마음의 문을 닫지 말고 항상 열어두라.'고 말했다.

지금은 10년 전의 나보다 늙었지만, 10년 후의 나보다 제일 젊은 때임을 깨닫고 새로운 도전에 두려워하지 말아야 한다.

지금부터 목표를 정확하게 설정하고 실천 목록을 작성한 다음 언제까지 이룰지 데드라인을 설정해야 한다. 구체적인 계획을 세워 실천에 대한 체크 노트를 작성할 것이다.

이루고자 목표한 것에 대하여 기한 데드라인을 정해 무한정 늘어지지 않고 한 단계씩 이루어 나간다면 반드시 코이카 해외봉사단에 합격할 것이라 믿는다.

내가 생각해 왔던 코이카 단원으로서 해외봉사를 하고 개발도상국 국민들과 함께 성장하는 나 자신을 생각하면 인생의 큰 보람과 자부심을 느끼고 성취감을 맛볼 수 있으리라 확신한다.

인생을 축제처럼, 열정의 살사·라틴 댄서로 무대 공연하기

얼마 전 MBN NEWS에서는 스페인의 87세 할머니가 섹시한 살사 댄스 공연 무대에 올라 '나이는 숫자일 뿐'이라며 예사롭지 않은 발 놀림과 환상적인 무대 공연을 보여줬다.

또한 연합뉴스 TV에서는 80세 할머니의 화려한 살사댄스 화제영 상을 글로벌 인사이드에서 전했다.

영국의 유명 오디션 프로그램 '브리튼스 갓 탤런트'에 출연한 백발 의 할머니 '패디'는 10여 년 전 남편과 사별한 후 그 슬픔을 이겨내기 위해 춤을 추기 시작했는데 나이가 무색할 정도로 유연하면서도 격 렬한 몸놀림으로 객석의 열광적인 호응을 이끌어 냈다.

스페인 장기자랑 무대에서도 우승을 차지할 정도로 춤 솜씨를 인 정받은 '패디'는 계속 춤을 출 수 있다는 걸 가장 큰 행운이라고 생각 한다고 말했다.

이런 세계 특종 뉴스를 TV 영상이나 유투브를 통해 보게 되면 놀라움을 금할 길이 없다.

젊은이들의 유연하고 화려한 몸짓의 댄서도 멋지지만, 80대 고령의 노인이 예사롭지 않은 댄스의 기술을 익히고 파트너와 춤을 출수 있다는 것은 아무나 누릴 수 없는 행운이라 생각한다.

나이 먹어가면서 건강을 잘 관리하지 못하면 춤은커녕 자신의 몸도 추스르지도 못하고 걷는 것조차 버거운 삶을 살아가는 어르신들이 많기 때문이다.

그래서 행복한 노후와 건강한 노년의 삶을 위해서는 젊었을 때부터 평소에 운동을 하고 부단히 노력해야지 그냥 되는 대로 산다면 행복한 삶을 보장할 수 없다.

그러나 현대 사회는 산업이 발달됨에 따라 점점 손 하나 까딱하지 않고 편리한 생활을 하게 됨에 따라 신체 활동과 운동 부족으로 체력이 점차 나약해지고 있다.

몸을 움직이는 노력을 하지 않으면 우리의 신체 기관도 기능이 떨어지고 그로 인해 노화가 더 쉽게 진행될 뿐 아니라 성인병의 원인이 되니 엎친 데 덮친 격이 되는 것이다.

직장 생활의 업무로 피로에 절어 있거나 인간관계에서 오는 스트레스는 소리 없는 살인자라는 말이 있다.

몸과 마음이 피곤하고 어려우면 대다수 사람들은 술을 마시거나 수다로 해소하는 방법을 선택하는 사람도 많다. 그러나 조금 과격한

운동이 오히려 스트레스를 해소해 주고 신체의 기능도 좋아지니 더 효과적이다.

나도 연식이 늘어가면서 근육량은 감소되고 기초대사량은 떨어져 예전과 똑같은 양을 먹고 운동을 하지만 원치 않는 복부에 체지방이 쌓이고 쉽게 빠지지도 않는다. 뱃살은 내가 원하지 않아도 보너스처럼 따라오건만 막을 길이 없다.

나는 나름대로 근력을 키우기 위한 헬스나, 지방을 줄이기 위해 유산소 운동을 하고 사람들과 어울리며 게임을 할 수 있는 운동을 즐기며 좋아한다. 하지만 자신과의 싸움에서 인내력을 요구하고 경기력 향상을 요하는 운동에는 늘 한계가 있다는 생각이 들었다.

그럼에도 나 역시 나이가 들어서도 멋들어지게 춤을 출 수 있는 할머니가 되고 싶다. 나이를 먹었다는 이유로 허리가 굽거나 구부정한 몸으로 남들의 도움을 받는 어르신이 아닌, 열정과 샘솟는 에너지로 무대에서 격렬한 살사를 공연할 수 있는 실력을 갖춘 미래의 모습을 상상만 해도 가슴이 뛴다.

나이는 정말 숫자에 불과하다며 도전하는 열정과 건강한 모습으로 젊은이들에게 귀감이 된다면 이보다 더 좋은 일이 있을까?

나의 버킷리스트에 춤이 추가된 것은 운동도 재미있게 하면서 인생을 즐겁고 행복하게 사는 최고의 방법이라고 생각했기 때문이다.

이를 실천하고 도전하기 위해 바쁜 직장생활이지만 배울 수 있는 곳을 인터넷으로 검색해 보고 알아봤지만, 내가 살고 있는 소도시는 학원이나 동호회 형성이 거의 되어 있지 않았다. 그리고 직장인은 퇴근 후 또는 주말에 배워야 하므로 상황이 매우 열악할 수밖에 없다.

이럴 때는 문화적 콘텐츠가 다양하게 형성되어 있는 대도시에 살고 싶은 생각이 간절하기도 하다. 그리하여 비록 문제점이 있다 해도 열정을 가지면 도전할 수 있다는 마음으로 서울에 있는 살사댄스 동호회를 주말에 직접 방문해 보기로 결심했다.

그러나 길을 찾아 나선다는 것이 쉬운 일은 아니었지만 물어물어 어렵게 찾은 동호인 클럽은 문이 닫혀 있었고 저녁 시간에 입장한다고 쓰여 있었다. 그나마 대표 전화번호가 적혀 있어 그 번호로 전화를 거니 20~30대 가량의 여자가 전화를 받았다.

"실례지만 나이가 어떻게 되세요?"

나는 당황하여 나이가 중요한지 물었다.

"목소리를 들어보니 연세가 좀 있으신 것 같은데 우리 클럽은 나이 제한이 있고 젊은 층만 가입이 가능하니 중년 살사클럽을 알아보세요……."

그 전화 통화를 끊고 정말 기분이 언짢았다. 내가 어느새 젊은이들 사이에서 거부당하는 나이가 된 것은 물론 목소리까지 변해서 늙은이로 취급받는 느낌이었다.

80대 스페인 할머니는 길가에서 열정 가득한 탱고를 추었고 구경하던 사람들의 넋이 나갈 만큼 상상도 못 할, 묘기 수준의 고난이도 탱고를 멋지게 춤을 추었다.

젊은 사람도 추기 힘든 탱고를 멋지게 추시고 마지막에 한마디 하시는 말씀이 더욱 뭉클하며 인상적이다.

"We are all young!(우린 모두 젊습니다.)"

외국은 나이를 불문하고 함께 어울려 열정적인 삶을 살아가는 반면 한국 사회는 나이를 따지고 등급을 가르며 끼리끼리 어울리는 문화 속에서 살아가고 있다.

평생교육과 배움이라는 캐치프레이즈 시대 속에 살고 있지만 나이 먹어 무엇을 배우는 것에 사회가 정한 벽과 자신이 세운 벽으로 여전이 한계가 부딪칠 수밖에 없다.

그 장벽에 지금 내가 포기한다면, 내가 소망하는 가슴 뛰는 삶도 기대하지 못할 것이다.

지역, 나이, 시간 등 배울 수 있는 여건 제약이 많을지라도 계속 미루고 핑계만 댄다면 외국인 할머니들이 해외토픽에 이슈가 된 삶처럼 기적을 체험할 수 없다.

늦은 배움의 때는 없다. 지금이 제일 빠른 때임을 깨닫고 더 이상 미루지 말아야 한다.

꿈이 있는 사람은 영원한 청춘으로 살 수 있다.

그동안 춤과 거리가 먼 경직된 삶을 살았다면 이제는 춤과 함께 리듬을 타면서 나의 몸과 마음속 곳곳에 활력을 집어넣어 잠들어 있던 세포를 깨우자.

인생을 축제처럼, 열정적으로 즐겁고 행복하게 사는 거다.

나는 또 다른 나의 미래를 응원한다

김나현

일본어 가이드 및 과외강사, 자기계발 작가, 동기부여가, 온·오프라인 유통사업자

사회복지사를 비롯해 현재 27개 자격증을 활용하여 봉사활동을 해 나가고 있다. 보람 있고 행복한 인생을 위해 살기 위해서는 책 속에 인생의 답이 있다는 생각으로 독서 및 책 쓰기와 더불어 작가님들과 공유하며 개인저서를 준비하고 있는 중이다.

E-mail: jehi2@hanmail.net

대한민국과 더불어 세계 최고의
결혼 상담사 되기

나는 80년대에 대학을 졸업 후 학과장님의 추천으로 대한항공에 입사하게 되었다.

나의 20대는 순탄하고 잘 풀리는, 세상에서 자신이 제일 예쁘고 잘난 줄 아는 공주님이었다.

미래 배우자 역시 나보다는 한 단계라도 잘난 남자를 바라는 마음에서 잘나고 좋은 남자 친구만 선택하여 같이 공부하며 대학시절을 보냈고 직장생활을 보냈다.

그러나 몇 년 후 어느 날부터는 조용히 직장생활에만 전념하게 되었다.

남자 친구들과 놀면서 헛된 시간 보내지 말고 시간을 소중히 하자는 생각과 더불어 관념을 바꾸기로 했다.

그리하여 비록 혼기는 다가왔지만 나만의 인생을 살아가자고 다짐하며 직장생활에 충실할 즈음 예비 시고모란 사람이 나타나 중매를 하게 되었다.

그때까지는 사람을 믿는 나로서 예비 시고모의 말씀은 호기심을 갖기에 충분했다.

그분의 말씀을 철석같이 믿었거니와 일단 마음을 굳히면 그대로 밀고 나가는 성격이었던 나였기에 추호도 의심치 않고 결혼 승낙을 했다. 그러나 그 모두는 감언이설에 지나지 않았고 물은 이미 엎질러진 터였다.

당장 예비 배우자의 속임수는 내 인생을 송두리째 망쳐놓고 말았다. 당초 그 사람이 잘못했을지언정 진심으로 사과함에 따라 마음 약했던 나는 믿고 또 믿었지만, 만남이 시작되고 며칠 지나지 않아 본색을 드러나기 시작했다.

그 사람이 불러내기에 설마하면서 조금은 망설이는 나를 교묘하게 술로 마취시키고 자신의 욕심을 채웠던 것이다.

이미 결혼 전부터 그 사람에게 지치고 정신마저 황폐해져 미칠 지경이었다.

정말 그 남자와 결혼하고 싶지 않아 혼자 끙끙대며 고민하다 보니 그나마 웃음마저 잃게 되었다.

그러나 가혹한 운명의 장난은 그대로 멈추지 않았고 내 의지와는 전혀 상관없이 어쩔 수 없는 결혼을 하게 되었다. 그야말로 강도당한 결혼을 하게 된 것이다.

그 어느 누구에게도 구조를 받지 못하고 혼자 우울하게 앓았던 끔

찍한 시간들을 어찌 말로써 다 형언할 수 있으랴.

내 인생은 시고모의 감언이설과 악마 같은 배우자에게 잘못 걸려 들어 내 인생 실패라는 것도 감지 못한 채 끌려 다녔던 것이다.

당초 결혼조건은 서울에서 살기였지만 그 약속은 지켜질 리 없었고 엘리베이터도 없는 아파트에서 새장 속의 창살 없는 감옥의 섬나라 제주도에 방치되고 말았다. 이미 직장은 끊기고 모임은커녕 친구들도 끊겨버리고 말았다.

소외되고, 고립된 결혼생활은 한마디로 처참한 나락의 구렁텅이일 뿐이었고, 세상과 단절된 나 혼자만의 고통은 결국 원형탈모와 위궤양을 안겨주고 말았다.

우연히 사우나에서 만난 동네 사람들은 시댁과 남편으로 인한 고통을 세월을 알게 된 후 비록 20여 년이 지난 지금이라도 허송세월만 보내지 말고 떠나라고 했지만 용기가 없었다.

결혼 초부터 대놓고 시댁과 남편의 인격 학대는 물론 친정에서 돈과 재산을 가지고 오라는 등 기가 막히고 어처구니없는 자존심 상하는 세월을 보내면서도 내 인생 신조는 '손가락질 받는 그 어떠한 일도 내 사전엔 없다.'였으니 아마도 제정신은 아닐 것이다.

당연히 그런 시댁과 남편을 떠나는 것이 답이지만 결혼의 올가미는 그리 쉽게 풀려날 수 있는 것이 아니었다.

어느 날 여느 강사협회 모임에서 우연히 소개하는 '브랜딩 책쓰기 코칭 협회'를 알게 되었다.

그리고 이제 나는 남은 인생을 행복하게 살아야겠다고 마음깊이 선포하고 외쳤다.

우연한 만남이었지만 그로 인해 사람이 바뀌듯이 내 상처를 치유받고 남은 미래는 당당하게 살기로 했다.

당장은 책 쓰기로 상처를 치유받고 꿈을 살리는 작가가 되고 싶다. 나만의 소중한 꿈을 그리고 나아가 베스트셀러 작가로 향하는 꿈을 선택할 것이다.

이제 힘겹고 괴로운 과거는 잊어버리고 남은 미래만 생각할 것이다. 100세 시대 아직도 30년 이상 더 살 수 있고 행복하게 살아야 한다.

책을 쓰며 꿈을 이루며 꿈을 찾고 상처를 치유할 것이다.

나는 책 쓰기 수업을 받기 시작했고 이곳에서 우연히 작가 수업 동기생들과 '미래는 기다리는 것이 아니라 창조하는 것이다. 당신만의 드림리스트를 만들라.'는 제목으로 5쪽지 공저를 받게 되었다.

그리하여 책 쓰기 생각을 하면서 드디어 몇 가지 오랜 꿈을 꺼내 보았다.

기가 막히지만 20대~40대, 내 인생의 황금기의 꿈은 어느 한 남자에게 도둑맞아 억울하게 날아가 버렸음을 다시 인식하게 되었고, 이제는 흘러간 과거는 훌훌 떨쳐버리고 다가오는 창창한 미래를 붙잡기로 마음먹었다.

그래, 인생은 지금부터 시작이다.

시간이라는 재료를 꿈에 섞어 이제 나는 현실로 만들 차례이다.

대학 졸업 후 뭇사람들의 선망이 대상이 되는 것이 꿈이었기에 대기업만을 선호했고 그 파워플했던 내 인생의 잃어버린 큰 가방을 찾고 싶다.

그 큰 가방 속에는 회사에서 받은 해외여행 여권비자, 1년에 1회 회사에서 기회를 주었던 해외여행과 꿈, 행복 등이 들어 있거니와 그러한 내 인생을 담아놓은 큰 가방과, 송두리째 도둑맞은 내가 차려놓은 밥상을 찾고 싶다.

그리고 이제라도 나는 잔고 없는 계좌번호를 찾고 싶다.

그 계좌번호란 서울에서 근무했던 내 직장생활이고, 잔고 없는 계좌번호란 내 인생통장에 믿음직하고 신뢰 있는 남자를 선택하여 모두 새롭게 시작하고 싶은 마음일 것이다.

결혼이란 감옥 속에 방치되고 소외되었던 고립무원의 결혼생활에서 지금이라도 간절히 벗어나온 마음일 뿐이다.

그럼에도 불구하고 지금까지 자식을 위해 그리고 내 인생에 이혼이란 오점을 남기지 않기 위해, 또한 우리 가문을 먹칠하지 않기 위해 그 모진 세월을 견뎌냈지만 아무런 신뢰도 없는 부부생활은 그야말로 지옥이나 다름이 없었다.

그러나 살다 보니 부부간의 갈등이 생겼을 때 어떻게 생각하고 대처하느냐에 따라 인생이 달라지는지를 스스로 터득하게 되었다.

첫째, 부부갈등을 겪는 사람들은 대개 자기의식의 통제된 부분만을 이야기하므로, 겉으로 드러난 문제가 부부갈등의 실제 원인이 아닐 수 있다는 점이다.

갈등을 겪고 있는 예비부부 및 부부의 한 편은 상대방에게 동조나 동정을 구하고자 자신의 입장에서만 이야기하는 경향이 크기 때문에, 본인이 상처를 받았다거나 상대방의 단점 및 불만을 토로하기에 배우자에 대한 실제 불만이 아닐 가능성이 있다고 보는 것이다.

예를 들어 남편에게 학대를 받고 갖은 모멸감을 참고 살아온 아내지만 어느 순간 불화쟁론이 일어났을 때 이를 문제 삼는 것이 아니라, 남편이 과거나 현재 외도했던 사실을 비난하는 것이다.

이러한 경우 표면적인 원인을 해결하더라도 근본적인 문제가 해결되지 않는 한 부부갈등은 지속되고 불행할 수밖에 없다.

또 한 예로 상대방을 무시하는 행위다.

이를테면 상대방에 대한 폭언도 모자라 폭행을 서슴지 않고, 인격 무시, 집안 무시 등 자신이 그릇되고 모자라는 인성에서 나오는 말과 행동들이다.

이는 가정교육이나 학교교육, 나아가 사회교육이 되어 있지 않은 탓이며 나 개인을 떠나 사회적으로도 반드시 필요한 문제들일 것이다.

둘째, 부부문제는 당사자들이 직면한 현재의 문제보다 타인과의 관계의 문제, 그리고 과거에 어느 한쪽이 과거에 겼었던 일들로 인한 갈등일 것이다. 물론 이성으로 이를 극복하지만 그래도 자신의 감정을 주체하지 못해 폭발할 경우 걷잡을 수 없는 소용돌이에 휘말

리게 되는 것이다.

그럼에도 불구하고 개인의 자질적인 문제 역시 중요하다.

자신의 욕구를 추구하는 능력과 타인과 관계를 맺을 수 있는 능력 또한 개인의 자질에 포함되는데, 상대의 잘못과 그로 인한 자신의 고통을 제대로 이해하기 위해서는 자신의 욕구를 파악하는 것이 우선일 것이다.

자신의 욕구에 대한 파악이 되어야 상대를 제대로 이해하고 상대가 받는 고통이 무엇인지를 알 수 있으며, 자신의 고통을 인식하고 제대로 표현할 수 있다.

타인과 관계를 맺는 능력은 가정, 형제, 친지, 친구 등 여러 인간관계를 들 수 있지만 크게 사회적 관계와 가정적 관계로 나누어 볼 수 있다.

그런데 흔히 밖에서는 잘하는 가장이 가정에서는 잘못하는 경우를 쉽게 볼 수 있다.

사회적인 인간관계는 누구나 인정하는 자상하고 포용력 있는 사람일지라도 가정적으로는 아예 말조차 꺼낼 수 없을 정도로 제로에 가까운 사람도 있다.

이럴 때 가장 친밀해야 할 배우자와의 관계는 사회적 관계보다 훨씬 더 어렵기 마련이다. 아마도 가정적 관계는 끝없이 지속되는 관계이기 때문일 것이다.

가정적으로 인간관계를 잘 맺는 것은 개인의 욕구와 반비례하는 경우가 많다.

부부 사이에는 서로를 오래 알아가면서 깊이 이해하고 배려하는, 참을성 있는 친밀관계가 요구된다. 그러나 자신의 욕구를 주체할 수 없는 사람은 상대방보다는 자신의 욕구가 우선이므로, 결과적으로 부부 사이의 친밀한 관계를 유지할 수 없게 되는 것이다.

자신의 욕구를 어느 정도 자제하고 배우자에게 양보할 수 있다는 것은 곧 인간관계의 가장 기본인 이성이 존재한다는 것을 의미한다. 그 이성을 바탕으로 서로를 양보하며 배려해야 하는 것이다. 그럴 때 서로를 신뢰할 수 있는 것이고, 신뢰가 없는 결혼은 곧 불행일 뿐이다.

일찍이 어렸을 때부터 '거짓말을 하면 안 된다. 사람을 속여서는 안 된다.'라는 교육을 받으며 자라왔고, 이는 인간이라면 누구나 마찬가지라고 믿어왔던 나였다.

그리하여 그 어떤 문제든지 가능한 한 혼자 판단하고 결정하는 편이었다. 설혹 문제가 발생된다 해도 내 인생이고 내가 선택한 것들이기에 후회도 탈도 없었다.

그러나 결혼은 인륜지대사인 줄을 미처 깨닫지 못했던 나는 그야말로 백치에 가까울 정도였다. 하다못해 간접 경험의 노하우라도 신경을 쓰고 들었더라면 그렇게 고통스럽고 울분의 찬 지난날을 헛되이 보내지는 않았을 것이다.

아무리 내가 판단하고 결정할 내 인생이라지만 누군가로부터 결혼에 관해 의논을 하고 이런저런 조언을 받고 받을 수 있었다면, 정말 누군가의 도움을 받았다면 내 스스로 결정했던 무지의 괴로움과 슬픔을 줄여나갈 수 있지 않았을까 싶다.

　우리 주위에는 잘못된 결혼으로 인하여 자살하는 경우도 있고 자살 대신 과감히 이혼을 하기도 한다.

　중요한 것은 한 개인의 기나긴 인생을 생각해볼 때 결혼이라는 것을 어떻게 이해하느냐에 따라서 남은 인생이 행복해질 수 있거나 불행해질 수 있다는 것을 인지해야 한다.

　단지 현재 그 사람의 외모나 직업 등 겉으로 치장된 화려한 외모만 볼 것이 아니라 주위 사람들에게 조언을 구하고 스스로를 반문하며 신뢰관계를 구축해가며 결혼이라는 명제에 다다라야 하는 것이다.

　인생의 중대사인 결혼을 고작 '한눈에 반해서', 나아가 '직장이 좋아서', '가문이 좋아서.' 등 스스로 속단하지 않을 때 그나마 잘못을 크게 줄여나갈 수 있을 것이다.

　우선은 상대방이 진실로 믿을 수 있고, 그 사람과 관계된 주변인들의 인성까지 차악해야 할 것이다.

　그야말로 남편의 속임수와 외도로 정말 죽이고 싶은 심정이 한두 번도 아니었지만 살다 보니 아니 억지로 살아내다 보니 이미 30년 세월이 훌쩍 지나 빈껍데기만 남아 있을 따름이다.

　그럼에도 불구하고 이제 악다구니처럼 살았던 경험을 바탕으로 신혼부부나 신뢰감을 잃어가는 부부들에게 말해주고 싶다. 더는 무슨 일이 있어도 나와 같은 고난과 슬픔이 일어나지 않도록 방어차원에서라도 한 개인의 불행을 개인적으로 보지 말고 근시안적인 시각으로 보는 혜안과 선견지명을 가지라고 말이다.

이제 나는 분연히 떨치고 일어나 나의 실패를 발판으로 슬픔에 잠겨 있는 사람들, 고난과 역경에 처해 있는 사람들의 멘토가 되어 결혼 상담 및 심리상담, 그리고 성공 멘토링 강의를 할 것이다.

러시아의 작가 겸 사상가인 톨스토이는 말했다

"바다에 나갈 때는 한 번 기도하고, 전쟁에 나갈 때는 두 번 기도하고, 결혼할 때는 세 번 기도하라."

헌법에도 명시되어 있듯이 우리는 세상에 태어난 이상 행복하게 살 권리가 있다.

인간은 누구나 존엄하고 소중하다.

외국어를 통해 글로벌 시스템 활용하기

　동네 지인의 소개로 영혼을 소중히 여기는 글로벌 기업 A라는 회사를 알게 되었다.

　그 회사는 미국, 일본 등 11개국 지사를 갖고 있거니와 내가 잘할 수 있는 일본어를 중심으로 온, 오프라인 시스템을 잘 활용하면 해외의 경험을 쌓는 것은 물론 외국어 공부도 충분히 될 것 같아 관심을 갖게 되었다.

　외국어를 활용할 수 있다는 것도 장점이거니와 정선상략正善上略이란 사명 역시 내 마음에 들었다.

　"정직과 선함이 최상의 전략이다."

　즉 착한 마음씨를 갖고 서로를 위하는 시스템이나 마케팅인 것이다.

　A사는 과도한 업무나 일상생활에서 오는 스트레스를 완화시켜주고 암을 예방해주는 건강식품을 취급하는 회사로 삶의 질을 높이

고 인간관계를 중시한다.

그곳의 성공 아카데미 세미나에 참석하게 되면서 세계 각지의 인사들이 참여함을 알게 되었다. 생각을 경영하는 인터넷 유통마트의 A사는 건강식품은 물론 생활필수품들을 저렴하게 팔고 있지만 가성비가 좋아 우리나라뿐만 아니라 글로벌 시스템으로 세계 각지의 유통망에 연결되어 있다. 어쩌면 외국어를 구사할 수 있는 글로벌 일자리 창출의 기업이라고 볼 수 있을 것이다.

나는 외국어를 배우고 활용할 수 있다는 생각에 부업 삼아 참여하게 되었고 내가 잘할 수 있는 일본어뿐만 아니라 영어나 중국어 등도 배울 수 있어 이를 발판 삼아 사업적으로 해외로까지 꿈과 비전을 펼칠 수 있다고 생각한다.

선진국의 경우 대학 진학률은 50%의 안팎이지만 우리나라의 대학 진학률은 80% 이상이다.

그럼에도 불구하고 고학력자의 실업률은 사상 최고치를 기록하고 있음은 기정사실이다. 구직자들이 원하는 직장은 아닐지언정 그런 면에서 A사에서는 일자리 창출뿐만 아니라 취업난을 해소시켜 주고 있는 것이다.

이제 젊은 층에서도 자신이 원하는 조건의 일자리만 찾지 말고 좀 더 근시안적인 시각을 통해 세계로 눈을 돌려 자신을 이미지화한다면 그 역량은 끝이 없을 것이다.

나 역시 비록 작다 하더라도 A사를 통해 내 꿈을 조금씩 실현시켜 가고 있다.

이제 외국어를 활용한 그 어떤 시간에도 가능하니만큼 원서버 글로벌 시스템을 활용해 나갈 것이다.

베스트셀러 작가 되어 청춘들에게
꿈과 희망을 나눠 주기

우리나라는 청년들에게는 '헬조선'이고, 노인들에게는 희망 없는 나라라고 걱정한다. 어떤 사람들은 천혜의 자연환경과 인심이 후덕하고 잘사는 나라라고 말하기도 하지만 실제로 사회보장제도는 선진국의 반열에도 들지 못하는 실정이다.

청년실업 또한 매우 심각해 3포 세대에 이어 5포 세대라는 말이 나돌더니 이제는 7포 세대라는 웃지 못할 얘기도 오간다.

그러나 실제로 청년들은 일자리를 구하지 못해 결혼을 포기하고, 이는 당연히 출생률의 감소로 이어지는 악순환을 낳는 것이다.

우리나라는 이미 저출산 초고령화 사회로 접어들었고 이 사회를 유지하기 위해서는 근본적인 대책이 절실하게 요구되는 상황이다.

그렇다고 막연히 정부대책만 바라보며 살 수만은 없다. 어차피 누군가 해내야 할 일이라면 나 역시 하지 못할 일은 없을 것이다.

요즈음은 대기업에 입사했다가도 채 몇 년도 안 돼 사표를 내고 자신이 원하는 일을 하는 사람들이 늘어나고 있는 추세이다. 비록 원하는 직장에 들어가지 못한다고 해서 비관만 할 것이 아니라 자신이 가장 잘할 수 있는 것을 발견해 그를 개발하는 것 또한 자신의 미래는 물론 이 사회에도 공헌하는 일일 것이다.

책을 쓰는 일 또한 스스로를 고용하는 일이라고 할 수 있다.

자신의 재능을 발견하고 개발한 사람들은 바로 '스스로를 고용한 사람들'이다.

이들은 남에게 의존하는 대신 자신에게 책임지며, 스스로를 자본화하여 특화된 서비스를 제공하는 지식근로자들이다.

이들은 비록 회사에 몸을 담고 있을지언정 기업과 자신의 관계를 더 이상 '종속적인 수직적 고용관계'로 보지 않는다. 대신 자율적인 '수평적 계약관계'로 규정하는 것이다.

그리고 기업과 자신의 관계를 상생相生의 협력관계로 인식하며, 기업은 자신의 꿈을 실현할 수 있는 현실적 장場이 된다.

이런 지식근로자들은 기업이 원하는 차별화된 서비스를 개발하여 제공함으로 스스로의 시장가치를 만들어 내는 '자기'라는 1인 기업의 경영자들이다.

영국의 작가 조앤 K. 롤링은 해리포터 시리즈로 벌어들인 인세가 자그마치 3조 원을 상회한다. 현대자동차가 파는 수만 대의 차량가격과 맞먹는 수준이라고 한다.

이는 베스트셀러 작가의 미래를 알려주는 사례이다.

베스트셀러 저자로 강의와 인세 수입으로 살아가는 것 또한 내 꿈이고 목표라 할 수 있다.

오늘도 그 꿈을 향해서 한 발 한 발 정진해나가고 있는 것이다.

꿈은 이루어진다. 반드시 할 수 있다는 신념으로 꾸준히 정진해나갈 때 그 꿈은 반드시 이루어지기 마련이다.

그리하여 나는 2018년부터 브랜딩 책 쓰기 코칭협회에 등록하여 작가 수업을 받고 있다.

머지않아 내 개인 저서를 시발점으로 다양한 장르의 글을 쓰며 남은 인생 행복하게 살 것이다.

꿈에는 나이가 없기 때문이다.

월 5,000만 원 이상 소득 되는 가이드 및 원서버 글로벌 인터넷

결혼 후 잠시 국내 및 국제 관광 가이드를 했었다

그러나 내 뜻과 다르게 남편보다 오히려 시어머니의 반대로 더 이상은 할 수 없었다.

타고난 성격상 좋아하는 일을 통해 내 인생을 만끽하고 싶었고 또한 일을 하다 보면 당연히 그에 수반되는 금전적인 보상은 물론 사회성을 갖게 됨에 따라 하다못해 프리랜서로나마 일을 하게 되었다.

하지만 시어머니 모르게 일을 하다 보니 내 뜻대로 되지 않았고, 어느 날 밤늦도록 일을 하고 난 후 심한 부부 싸움으로 채 한 시즌도 가지 못하고 그만두게 되었다

게다가 앞서 설명했듯이 악마의 탈을 쓴 남편과 지옥 같은 삶을 지탱하기 어려워 결혼한 지 7년 만에 가출을 하고 말았다. 이혼이라는 도장을 찍는 데는 차마 용기가 나지 않아 그저 가출했던 것이지

만 이마저도 내 의지와 상관없이 아이들이 눈에 밟혀 열흘 만에 다시 집으로 들어왔던 것이다.

남편은 계산상 그 순간만큼은 잘 대해주다가도 제 버릇 개 못 준다고 시간이 흐르자 또다시 술집을 전전하며 허송세월을 보내고 있었다.

50대가 되도록 산송장처럼 살던 세월 속에서 내 인생의 꿈과 희망의 끈은 보이지 않았고, 이제는 내 삶에 지쳐 모든 것을 내려놓으려던 그 어느 날 우연히 <영혼을 소중히 여기고 생각을 경영하는 초인류기업>으로 가는 A사를 알게 되었다.

아울러 내가 취득한 27개의 자격증 중에서 그냥 무용지물에 불과하던 자격증도 사용할 수 있다는 것을 알게 되었다. 또한 책 쓰기를 통한 미래를 발견한 이상, 월 5천만 원 이상의 소득도 가능하리라는 것도 예측하게 되었다.

결혼 후 30년이란 세월 동안 회의와 좌절, 우울과 분노의 시간을 보냈지만 이제라도 내가 원하는 일자리를 찾았고, 꿈꾸던 일도 차근차근 진행해 나갈 수 있으니 행복한 인생은 만들어가는 것이 아닌가 싶다.

이제 남편으로 인해 얻은 울화병과 공황장애, 우울증에서 벗어나 마음껏 내 꿈을 펼치며 행복한 인생을 살아갈 것이다.

인생은 돈이 전부는 아니지만, 성취와 성공의 바로미터는 될 수 있다.

다행히 친정에서 받은 부동산이 있고, 남편을 믿지 못해 내 인생은 내가 책임진다는 생각으로 국민연금 및 개인연금도 들어놓았지만, 이제부터라도 결혼 후 잃어버렸던 내 인생을 찾아 한이 맺힌 세월들을 삭힐 것이다.

내 열정과 노력의 수치를 확인하며 수입도 올릴 것이다.

많지 않은 재산이나마 자식들에게 증여해주는 과정에서 세금 또한 내가 부담해야 했기에 대출도 있지만, 자식들이 돈 때문에 힘들어하지 않는 것만으로도 마음 한구석은 편하다.

어찌 했든 한 푼의 빚도 없이 살다가 몇십만 원의 대출이자를 감당하려니 다소 스트레스가 되어 상황에 따라 내 명의로 된 부동산의 일부를 팔아서라도 이를 정리 할 생각이다.

만일 부동산을 정리하지 않으려면 열심히 돈을 벌 수밖에 없다.

예로부터 "가난은 나라님도 어쩔 수 없고, 스스로를 포기한 사람은 하늘도 일으켜주지 않는다."라는 속담이 있다.

결국 자신의 인생의 성공과 실패는 누가 대신해 줄 수 없다.

내가 몸담고 있는 A사는 그동안 고민이었던 독점적 경제와 재벌 문제를 해결할 수 있는 새로운 경제 시스템의 구조다.

유통의 새 역사, 경제의 새 패러다임의 사업을 통해서 나는 글로벌 마트 사업의 미래를 만들어나가고 꿈은 현실이 된다는 것을 입증할 것이다.

온, 오프라인을 통한 마케팅과 프리랜서로서 가이드 일을 병행하며 돈을 벌고 내 인생을 개척해 나갈 것이다.

경제 전문가 워렌 버핏은 말했다

"잠자는 동안에도 돈이 들어오는 방법을 찾아내지 못하면 당신은 평생 노동의 일을 해야만 한다."

미래의 나를 위해 도전하고
주도적인 삶을 살기

아버지가 돌아가시고 술꾼이 된 큰오빠에게 학습된 무기력증, 그리고 무조건 믿고 따르라는 고압적 명령에 따른 수동적 성격은 결국 결혼이라는 미명하에 30여 년의 세월을 앗아가 버리고 말았다.

믿음과 신뢰는커녕 배신과 분노로 치를 떨어야 했던 과거의 그늘에서 벗어나 이제는 확고하고 주도적이며 능동적인 삶의 주인공이 되기로 했다.

안주하는 삶 또한 과감히 떨치고 일어나 두려움과 맞서는 용기로 오늘이란 현재를 최선으로 살아갈 것이다.

아직은 애매하고 추상적이라 할지라도 확고한 신념으로 밀고 나아가야 한다.

결혼 후 남편과 시댁 문제로 하루하루 불면증에 시달리지 않는 날이 없었다.

잠은 오지 않고 무료한 시간을 보내다 보니 이대로는 안 되겠다 싶어 하나하나 자격증을 취득하다 보니 20여 개가 되었고, 남편에게 더 이상은 무시당하기 싫어 오기로 대학원에 진학했을 때 사회복지 전공 수업에 관한 자격증을 취득하게 되었다. 그리고 졸업 후 친구 따라 강남 가듯이 바리스타 자격증을 따게 된 것이다.

사회복지사 관련 자격증과 컴퓨터 관련 자격증, 관광 가이드 및 외국어 관련 자격증, 유통관리 관련 자격증, 수지침 간호 및 요양보호 관련 자격증 등 27개 자격증을 갖고 있거니와 이를 다 활용하지는 못한다 할지라도 적재적소에 쓸 수 있도록 나를 돌아보고 계발하려 한다.

그중에 바리스타 자격증을 활용하여 낭만이 있고 인생이 어우러지는 커피숍을 운영하며 작은 음악회를 열 수 있고 책 쓰기와 강연, 일과 결혼상담 관련 상담 코칭 등 시공을 초월하는 일을 해나갈 것이다.

결혼은 나를 이용하고 착취하며 슬프게 했지만, 오히려 그 분노와 슬픔을 승화시켜 꿈을 이루고자 하는 사람들에게 힘이 되리라는 마음을 가지도록 했다.

어쩌면 나의 타고난 성품이며, 달리 인생을 보상받고 싶은 보상심리를 넘어선 자존심이라고 해도 무방할 것이다.

세상에는 자신이 입은 상처로 인해 부정적인 시각과 편견으로 세상을 살아가는 사람도 있지만 오히려 그를 승화시켜 긍정적으로 살아가는 사람도 있다.

나 역시 후자인 긍정적인 시각으로 세상 사람들의 정서 함양에 작지만 힘이 되려 한다.

실패했다고 해서 마냥 앉아서 울고만 있을 수는 없다.

내 안에 잠든 거인의 잠재의식을 깨워 보물 지도를 만들고 빅픽처를 그려야 한다.

살면서 꾸는 꿈은 유통기한이 없다.

이제 다시 잠들었던 꿈, 멍들었던 꿈을 펼쳐나가려 한다.

남은 인생, 행복을 찾으며 잃어버린 웃음을 찾고 즐겁고 신나는 인생을 구가할 것이다.

톨스토이는 말했다.

"당신에게 가장 중요한 때는 바로 지금이다. 당신에게 가장 중요한 일은 바로 지금 하고 있는 일이다. 당신에게 가장 중요한 사람은 바로 지금 만나고 있는 사람이다."

미국의 유명작가인 스펜서 존슨은 "세상에서 가장 소중한 선물은 바로 현재Present이다."라고 말했다. 또한 독일의 사회과학자이자 사상가인 막스 베버는 "신이 나에게 준 시간의 낭비는 중죄 중의 중죄이다."라고 빠삐용에서 인용하고 있다.

남은 인생, 치열하게 살며 행복의 열차를 탈 것이다.

아무리 아프고 힘들어도 미래는 꿈꾸는 자의 몫이다. 그 꿈을 향해 도전하여 반드시 성공한 인생이 되어야 한다. 그러나 너무 힘들고 지치면 자신만의 위로와 암시도 필요할 것이다.

"이 또한 지나가리라."

미래는 나를 위해 도전하고 주도적인 삶을 살아가는 내 인생의 주인공이다.

이제 나는 계속 책을 쓰는 〈작가〉이기도 하다.

〈나는 작가다〉

작가로서 사람들에게 동기부여를 해주고, 용기를 주며 세상의 빛이 되고 싶다.

미래는 내 인생의 주인공으로, 끊임없이 도전하며 주도적으로 살 것이다.

오직 나만의 꿈을 그리다

이국섭

동기부여가, 자기계발 작가

한양대학교 경영학사, 지금은 경희대 경영대학원 석사과정에 재학 중이다.
90년 일본 해운선박회사에 입사한 이래 줄곧 해운무역 쪽 일을 하고 있으며, 현재 22년째 하머니
해운항공, 하머니무역 대표이사로 근무 중이다. 경영자로서 오늘도 생존을 위해 도전, 변화, 혁신
을 꾸준하게 행동으로 옮기며 실행하고 있다.

미래의 인재를 키우는 교육자 되기

나는 자랑스러운 독립유공자의 후손이다.

할아버지는 불의를 보면 참지 못하는 강직한 성품이셨고, 일제의 식민통치가 시작되자 결연히 일어나 우리의 주권을 부르짖다 모진 고문을 이기지 못하고 22세의 꽃다운 나이에 순국하셨다.

그런 혈통을 이어받으신 아버지는 지금도 84세의 고령에도 불구하고 성균관 유도회 영양지부 회장으로서 고향에서 한문과 서예를 가르치며 문화센터를 운영하고 계신다.

따라서 이러한 성리학자의 후예로서 당연히 지켜야 할 품위와 도리를 배우고 익힐 수밖에 없었다.

사람은 누구나 단 한 번의 삶을 가지고 태어난다.

사회적으로 엄청난 성공을 한 사람이라고 하여 두 번 세 번씩 삶이 주어지는 것이 아니다.

이러한 삶을 살아가는 데 어떻게 살아야 바르게 살았고 사회에 기여한 바는 무엇이었는지를 돌이켜보며, 날마다 꿈과 행복을 추구하며 살아간다.

아마도 더 큰 감투, 더 넓은 집, 더 멋진 연인을 손에 넣으면 행복해질 수 있다고 여길 것이다.

하지만 50의 나이를 넘고 보니 그 어느 것도 확실하게 행복을 보장해 주지 않는다는 생각이 강하게 든다. 다시 말해 행복은 개인이 노력만 한다고 해서 쉽게 얻을 수 있는 것은 아니라는 뜻이다.

사람마다 행복을 감지하는 능력을 다르게 갖고 태어나기에 행복은 나 자신이 스스로 정의를 해야 한다. 그래서 나는 오직 나만의 꿈을 위하여 추진하고 싶은 계획이 있다.

바로 '미래의 인재를 키우는 교육자 되기'이다.

나는 22년 이상 중소기업을 경영해오면서 요즘처럼 힘들었던 적은 없었다.

노동시간이나 최저임금 같은 문제는 우선 제쳐두자.

어쨌든 값싼 중국 제품들이 시간이 갈수록 더 많이 들어오고 그러다 보니 만들어 놓은 상품은 팔리지 않는다.

따라서 매출은 줄고 호전될 기미는 보이지 않거니와 아침에 눈을 뜨면 줄줄이 도산하는 기업들이 늘고 있다. 이 전쟁터와 같은 어려운 상황에서 살아남기 위해 어떤 선택을 하고 어떻게 행동하고 대처해야 하는지를 고민하면서 변화를 준비하고 있다.

변화한다는 것은 인재를 키우는 것이다.

인재라는 개념은 요즘처럼 아주 강력한 시대의 화두로 던져진 적이 없던 시대의 사람이다.

그러나 직접 사업을 운영하는 경영자의 입장이 되어 어언 22년의 시간을 지켜온 나로서는 어느덧 인재의 중요성을 느낄 수밖에 없는 위치가 되었다.

요즘의 21세기는 4차 산업혁명으로 인하여 극심한 변화가 일어나는 시기가 되었다고 온 세상이 주장을 하는 상황이다.

4차 산업혁명 시대는 산업 간 경계가 허물어지고 파괴적 혁신이 기업의 영속성을 지속하는 가장 중요한 동력인 상황에서 나 역시 함께 기업을 이끌어 가는 직원들을 보며 나름의 기준을 갖고 인재의 정의를 내리는 것이다.

즉 과거 어느 때보다도 위험을 감수하더라도 실패를 두려워하지 않고 진취적이고 창의적인 도전을 지속하는 사람이 내게 필요한 인재로 판단이 된다. 특히 사회가 복잡해지고 기술이 급변하는 시대에는 고객들이 직면하는 문제도 점점 복잡다단해지기 때문에, 종전 방식대로 문제를 해결할 가능성이 점점 낮아질 수도 있다.

따라서 이런 불확실성을 염두에 두고 비록 실패하더라도 이전에 시도해 보지 않은 전혀 새로운 방식으로 끊임없이 해법을 찾는 노력을 기울이는 도전적이고 진취적인 역량을 갖춘 인재가 더욱 돋보이는 시대가 된 것이다.

이러한 변화는 인재의 정의도 새롭게 규정되어야 한다고 본다. 기존의 교육 방식은 획일적인 입시 위주의 암기식 교육법으로 시험을 잘 보는 사람이 인재였다. 나 역시 그러한 분위기 속에서 자랐고, 비교적 무난하게 소기의 성과를 거둔 쪽의 무리에 속하게 되었다. 그러나 항공 해운 물류 사업을 하면서 무역을 같이 병행하고 있는 나로서는 경영자로서 다소 아쉬운 점을 느끼기에 새롭게 사명감을 갖고 추진하고자 하는 일이 생겼다. 바로 인재를 키우는 교육이라는 부분에 관심을 갖고 실천을 하고자 하는 결심을 하게 된 것이다.

우리는 정보의 홍수 속에서 살고 있고 요즘의 시대는 정보가 물질을 창조하는 시대이다.

따라서 정보를 어떻게 활용하고 어떻게 창조하느냐가 중요하다. 어떤 정보를 선택하고 얻느냐에 따라 어떤 물질이 만들어지고, 그것을 바탕으로 세상이 만들어지는 것이다. 그리하여 누구나 쉽게 정보를 체계적으로 체험하고, 활용할 수 있도록 다양한 콘텐츠를 개발해 나가야 할 것이다.

즉, 문제를 정의할 수 있어야 하고 정의된 문제가 갖고 있는 속성이 무엇인지를 규정할 수 있어야 하며, 규정된 내용에 대한 정확한 Data를 확보하여야 한다. 또한 확보된 Data는 다른 사람들이 이해할 수 있는 방식으로 전달이 되는 과정을 거쳐야 한다. 이러한 일련의 과정을 시스템적으로 구축하는 것이 소위 오피니언 리더로서의 기본적인 준비 자세라고 여겨진다.

따라서 나는 나름의 긍지를 지닌 사람으로서 보다 적극적으로 이를 구현하고 싶은 것이다. 이러한 욕구는 다음과 같은 방식으로 구현의 첫걸음을 내딛는다.

문제의 정의는 인문학적인 관점에서 규정할 수 있는 능력을 키우기 위하여 많은 책들을 가까이 한다. 이는 특정한 능력의 배양을 위한 가장 초보적인 단계라고 여겨져 나는 늘 손에서 책을 놓지 않는다. 이렇게 가까이 하는 책은 요약정리를 하여 나만의 방식으로 정리를 한다.

정리하는 내용에 대한 분류는 차치하고, 종류에 상관없이 창고에 재놓는 방식으로 차분하게 Data를 구축하는 것이다.

구축된 Data는 문헌정보가 잘 셋업되어 있는 도서관 분류 방식 혹은 언론사의 카테고리 구분 방식을 참조하여 나름의 분류 방식으로 정리를 한다.

정리된 Data는 1주일에 한 번씩 동영상으로 간단하지만 타인과의 소통을 하기 위한 방식으로 촬영을 하여 유튜브 같은 동영상 소통 플랫폼을 활용하여 업로드를 하여 적극적 자세를 견지하거나, 요약된 글을 통하여 블로그로 소통을 한다.

이런 방식으로 교육자로서 작은 역할을 하고 싶기에 나는 오늘도 석사과정을 공부하고 있으며, 추후 박사과정도 도전하고자 한다.

나만의 기업 노하우와 콘텐츠를
유튜브로 제작 방송하기

우리는 궁금한 사항이 있으면 인터넷 웹서핑을 통하여 정보를 얻는다.

키워드를 넣어서 온라인 검색 사이트를 통해 검색한다는 행위는 '구글'이라는 단어로 2006년 메리엄 웹스터 사전과 옥스퍼드 영어사전에 등재됐다.

구글링, 구글러, 구글리언, 구글피디아, 심지어는 구글의 압도적 영향력을 가리키는 구글리제이션이라는 단어까지 나타나는 시대를 살고 있다. 물론 아직도 국내는 네이버라는 강력한 포털이 구글보다는 영향력이 월등하지만 말이다.

그러나 이를 전 세계로 확장하여 보면 전 세계 사람들에게 '검색'이란 단어는 곧 검색 사이트이자 사명인 '구글'과 같은 의미인 것이다. 하지만 이 세태는 현재 전 세계적으로 커다란 격변기를 걷고 있는 중이다.

구글링이라는 말은 머지않아 죽은 언어나, 옛말이 될지도 모를 상황을 맞고 있는 것이다. 사람들이 더 이상 구글에서만 혹은 포털 사이트에서만 정보를 찾고 있지 않기 때문이다. 그 대체재는 전 세계를 동영상으로 지배하고 있는 새로운 플랫폼, 바로 '유튜브'이다.

과거에는 이미지와 텍스트로만 노출시킬 수 있었던 정보를 동일한 시간 내에 고화질의 동영상으로 송출시킬 수 있게 됐다. 텍스트 중심의 글들은 블로그, 미니홈피의 이미지 중심 콘텐츠로 이어졌고, 그것이 지금은 유튜브라는 플랫폼을 등에 업은 동영상 콘텐츠로 발전한 것이다. 당연히 전 세계적으로 유튜브, 혹은 그와 유사한 형태의 온라인 동영상 플랫폼은 인터넷 산업의 '핵'으로 자리를 잡기 시작했다.

2005년 베타서비스를 시작한 유튜브는 10년 만에 월 10억 명의 사용자가 60억 시간의 동영상을 시청하는 세계 최대의 동영상 공유 플랫폼으로 성장했다. 지금도 1분당 300시간 이상의 영상이 올라오고 있는 유튜브는 73개국에서 76개 언어로 서비스되고 있다.

유튜브는 명실상부한 글로벌 동영상 서비스다. 전체 트래픽의 80%가 미국 외에서 발생하고 있다. 조회 수 23억 건을 달성한 싸이의 강남스타일 뮤직비디오는 지금도 매일 100만 건씩 조회 수가 증가하고 있다.

국내에서의 성장도 주목할 만하다.

한국 시청자의 유튜브 시청시간은 전년 대비 110% 증가했고(2014

년 기준), 이는 더 늘어날 것으로 추정된다.

이제는 10대부터 60~70대 노인까지 다양한 연령, 성별의 사용자가 유튜브의 콘텐츠를 감상하고 있다. 콘텐츠 생산자와 소비자 간 소통도 강화되고 있다.

콘텐츠 하단의 댓글 창은 이제 생산자와 소비자가 콘텐츠의 질 향상을 위해 의견을 나누는 건전한 토론장으로 거듭났다. 무엇보다 모바일 사용자의 비중이 늘어난 것이 인상적이다.

전체 유튜브 트래픽의 70%가 모바일에서 발생하고 있다. 사용자들이 이제 PC보다 모바일에서 콘텐츠를 감상하길 원한다는 명백한 증거다.

요즘의 시대 상황은 나에게도 커다란 영향을 주고 있다.

나는 회사를 운영하기 시작한 지 어언 22년이 지났다. 많은 세월을 겪으면서 얻게 된 다양한 경험은 나를 지탱해주는 지식이자 지혜가 되었으며, 아직도 그를 바탕으로 경제적 행위를 이어가고 있다. 한편으로는 대기업 혹은 이익을 엄청나게 내는 기업에 비한다면 미미한 성과라고 볼 수도 있지만, 나는 나를 스스로 대견하게 생각한다. 오롯이 나의 노력과 나의 열정이 지금을 만들었고 유지시켜 왔다고 믿고 있기 때문이다.

그런 연유로 나름의 작은 노하우를 좀 더 체계적이고 혹시 모를 필요에 부응하기 위하여 현 시점의 대세인 동영상 콘텐츠로 제작을 하고자 한다.

마침 유튜브라는 플랫폼이 활성화되는 이 시점에 만들어지는 콘텐츠를 활용하여 나만의 콘텐츠를 갖고 대중과 소통을 하고자 하는 것이다.

유튜브는 소통의 장이라고 감히 표현하고 싶다. 더불어 정년이 없는 새로운 경제 활동이 가능한 툴이라는 생각도 해본다.

그동안의 경영 노하우는 이를 필요로 하는 사람들에게 동영상이라는 툴을 통하여, 보다 적극적으로 다가가고자 한다. 바로 이것이 소통 측면에서의 나의 생각이다.

더불어 경제적인 이득도 취할 수 있는 기회를 갖는 것이라 더욱더 매력적이라 느끼게 되는 것이다.

너무 나이브한 나만의 감정일까? 그래도 도전은 아름답다!

맞춤용 핸드메이드 비누 사업
사이트 개발하기

핸드메이드는 잘 알다시피 공장에서 찍어내는 물건이 아닌 손으로 만드는 수제 물건을 뜻한다.

보통 귀금속류가 핸드메이드 제품이 많이 있다.

자동차 등은 매우 고가의 고급차량을 제외하고는 대부분 공장에서 찍어내는 물건들이다.

핸드메이드 제품은 손으로 직접 만드는 것이기 때문에 공장에서 만드는 것에 비해 가격은 높지만, 좀 더 세세한 부분까지 신경 써서 만들기 때문에 공장에서 대량생산하는 것보다 질 좋은 제품들이다.

추억의 사전적 의미는 오늘에 와서 과거에 있었던 일을 떠올리는 것, 그 옛 기억을 뜻하지만 흔히 과거의 기억에서 특별하고 인상 깊었던 기억을 일컫는 말로 쓰인다. 즉, 간직하고 싶은 그 순간을 기억

속에서 되살리고 싶은 마음에서 현대와 같이 메마른 삶 속에서 아주 중요한 역할을 하는 것이다.

요즘은 인터넷이 생활의 모든 부분을 빨아들이는 시대이다. 그렇다면 위에 언급한 핸드메이드와 추억을 함께 구현하는 인터넷 세상은 어떨까 생각하여 본다.

마침 지인 중에 천연 재료를 사용하여 핸드메이드 비누를 만들고, 그 비누에 역시 인체에 무해한 천연재료를 이용하여 사진을 인쇄할 수 있는 기술 특허를 보유하여 각종 추억을 간직한 사진을 표현하는, 향내가 있는 핸드메이드 프린팅 비누를 사업화하고 싶다는 소리를 듣고, 많은 흥미를 느꼈다.

나는 특히 인터넷 시대에 나만의 방식으로 또 다른 사업 아이템을 구상하던 중이었다.

이러한 생각은 자연스럽게 핸드메이드 비누를 활용하여, 촬영한 사진 자료를 활용하여 비누에 표현하는 형태로써 이 세상에서 자기만의 작품을 간직할 수 있는 기회를 인터넷으로 구현하고자 하는 계획을 세웠다.

가장 먼저 검토할 부분은 '과연 자기만의 추억으로 간직하기 위해 촬영한 사진이 피사체에 대한 초상권 문제로부터 자유로울 수가 있을까?'였다.

그냥 단순히 생각하면 별 문제가 없어 보일 것 같지만 반드시 변리사의 도움을 받아야겠다는 생각을 했다. 물론 다른 친구의 의견으로 자신이 촬영한 사진은 자신이 새롭게 재창조한 저작물로 해당 저작물을 이용하여 상업적인 행위를 하지 않고, 자신만의 추억을 좀 더 다양한 방법으로 간직하는 형태의 활용이라면 초상권과는 상관이 없다는 내용을 변리사에게 확인했지만, 그래도 내가 확신을 가져야겠기에 반드시 체크할 부분이라고 여겨진다.

더불어 천연 재료를 이용한 비누가 과연 어떤 장점이 있는지도 파악을 해야 한다.

단지 손으로 직접 만든다는 핸드메이드 제품이기에 경쟁력이 있다고는 판단하지 않는다. 상품이라면 그 본연의 기능은 반드시 발현이 됨과 동시에 그 어떤 또 다른 장점을 가져야 상품으로써 매력적이지 않을까 하는 생각 때문이다.

물론 자신만의 추억을 표현하고, 그를 이용하여 자신의 생활 속에서 자연스러운 체험이 가능한 콘셉트는 매력적으로 보인다.

과연 그 매력이 인터넷 유저들에게 돈을 지불하고 상품을 구매할 정도의 매력일지는 미지수이지만 나는 과감히 도전을 하려 한다.

"바다를 건너려면 바다에 뛰어들어라!"라는 중남미 속담이 있다.

인터넷, 모바일, 동영상 등이 대세인 작금의 시점에 나는 어디로 나의 발걸음을 둘 것인가에 대해 깊이 생각하여 내린 결론은 무엇이 되었든 간에 그 세계로 직접 참여를 하여 그 바닥을 느껴보는 것이라고 생각한다.

현대그룹의 창업주인 정주영 회장이 가장 많이 사용한 말은 '이봐, 해봤어?'라는 말이라고 한다. 모든 어려운 난관에 대한 결단을 한 마디로 마무리를 하고 불도저와 같이 밀고 나가 성공을 쟁취하였다.

나 역시 짧지만 시대를 공유한 후배 사업가로서 해내기 벅찰 수 있지만 어렵고 힘든 일이면 그 대가가 그 만큼 크다는 뜻이기에 도전한다.

만사는 된다고 생각하면 안 보이던 길도 보이고 안 된다고 생각하면 있는 길도 안 보이게 되는 법이다.

부족함이 있다면 보완하고, 수정할 부분이 있으면 수정할 여유를 갖고 천천히 새로운 세계로의 발걸음을 디디고 싶다.

"어떤 실수보다 치명적인 실수는 일을 포기하는 것이다."

세계를 전하는 여행 사이트 개발자 되기

러시아의 대문호 레프 톨스토이는 취향이 인간을 만든다고 말했다.

아메리카노보다 녹차라테를 고집하는 것, 유행가 대신 철 지난 포크송을 좋아하는 것 등 우리의 일상은 개인적인 취향이다.

'좋아하는 것'을 통해 자신의 정체성을 드러내면서 동시에 다른 사람을 이해할 수 있다고 말하는 이유다.

지금의 젊은 친구들은 해외여행이 흔한 경험이 되고 있지만, 586세대인 나는 남들과는 조금 다른 회사 생활을 경험하였다.

1995년, 나는 하숙생활을 하면서 미국에서 1년간 파견근무(뉴저지 3개월, LA 9개월)를 하였다.

휴일마다, 미국 지사장의 도움 덕분으로 미국 동, 서부의 웬만한 관광지는 모두 여행을 하였고, 캐나다, 멕시코까지 여행을 하였던 것이다. 물론 이때 아내와 함께 여행을 못 한 점이 가장 아쉬웠던 기억이 있다.

그 외에도 인도차이나 반도의 메콩강을 따라서 중국, 태국, 라오스, 베트남, 캄보디아 등 5개국을 다닌 것은 잊을 수 없는 경험이다. 그 외에도 업무특성상 출장을 자주 다녔고, 다녀온 나라에 대한 추억도 갖고 있는 것이다.

우리 주변을 돌아보면 이제는 해외여행이 꼭 과거와 같이 경제적 여유 혹은 부의 상징과 같은 개념을 벗어난 지 오래되어 보인다. 즉, 어느덧 해외여행은 자신만의 취향으로 자신을 표현하는 한 수단이 되었다.

가까운 일본이나, 홍콩, 동남아 등지는 잘만하면 상당히 저렴한 비용으로 좋은 추억을 쌓을 수 있는 것도 큰 영향을 미친 것 같다. 시간을 내기가 어렵지 경제적 문제로 못 가는 경우는 드문 것이다.

이러한 환경은 패키지 여행보다는 자신만의 추억을 위한 여행으로 점차 그 비중을 늘려가는 추세이다.

나는 여기서 새로운 기회를 찾고자 한다.

바로 "나만의 여행을 위한 종합적인 정보 제공 포털을 만들면 인터넷 유저들로부터 유용한 사이트로 알려지지 않을까?" 하는 생각이다.

누구라도 쉽게 여권을 만드는 방법부터 비행기 티켓을 싸게 구입하는 방법, 또 목적지로 정한 나라의 입국 시 출입국 인터뷰하는 방법, 공항에서 추억을 남기고 싶고, 느낄 수 있는 장소로의 이동 방법, 해당 지역의 핫 스팟 장소를 가는 방법, 해당 장소에서 주문을 하는 방법, 혹은 해당 장소의 메뉴를 미리 알고 여행을 계획할 수 있는 정보 등을 한눈에 살펴볼 수 있는 사이트를 생각하여 본 것이다. 더불어 해당 지역의 기념품으로 가까운 지인들에게 선물도 주고, 해당 상품의 효용성으로 인하여 또 다른 소소한 재미를 경험할 수 있는 C to C Market Place를 구축하여 보면 어떨까 하는 생각을 갖고 해당 사이트 구축을 위하여 종합적인 기획을 하고 있다.

또한 추억을 공유하는 사진과 동영상을 올리는 공간도 확보를 하려고 한다.

그리고 수익 모델을 위하여 각국의 유명 상품을 직구가 가능한 영역을 준비하여 굳이 여행을 가지 않아도 실용적인 가격으로 직구할 수 있도록 조력하여 직구대행을 하는 형태를 구축하려 한다.

인터넷 유저들이 과연 이 사이트에 관심을 가질 수 있을지, 각국의 핫 아이템을 직구대행으로 구매하려는 유저들이 있을지, 자신만의 추억의 사진과 동영상을 공유할 수 있는 공간이 있다면 그 공간에서 또 다른 재미를 느낄 수 있는 유저들이 있을지, 과연 이렇게 구축한 사이트가 유지보수를 위한 비용을 감당할 수 있는 수익 구조를 구축할 수 있을지, 그 어느 것 하나라도 나를 안심하게 하는 부분은 없다.

그러나 나는 도전하려 한다.

그 이유는 인터넷을 통한 사업은 기본 골격이 확실한 콘셉트만 있다면 어떤 형태로 진화를 할지는 사실 뚜껑을 열어보아야 한다는 사실을 다양한 사례를 통하여 인지하고 있기 때문이다.

일단은 유저를 모아야 한다.

그들이 즐거운 웹 세상을 마음껏 누릴 수 있어야 한다.

그들이 항시 새로운 정보를 퍼갈 수 있는 사이트를 구축해야 한다.

이 세 가지만 지킨다면 다양한 진화를 할 수 있으리라는 생각이다.

작은 차이가 큰 차이를 만들 수 있다는 생각으로 기존의 인터넷 세상에서 돌아다니는 정보를 나만의 콘셉트로 재창조하여 새로운 세계를 창조하려 한다.

大方無隅 大器晩成 大音希聲 大象無形 道隱無名

(대방무우 대기만성 대음희성 대상무형 도은무명).

세상의 끝 모퉁이에는 사실상 모퉁이가 없고,

세상의 큰 그릇은 만들어지는 게 아니며,

세상의 큰 소리는 들을 수 있는 게 아니며,

세상의 큰 형상은 형태를 지닌 것이 아니다.

세상의 진실은 이름 없음 속에 감춰져 있다.

– 출처 : 노자 도덕경 41

세계적으로 유명한 전자상거래 회장 되기

내가 운영하는 주식회사 하머니는 ICT 쪽 일을 직접 하고 있다.

그동안 무역 및 물류 사업을 하면서 구축한 네트워크와 축적된 노하우를 활용해 국내는 물론 해외에서도 얼마든지 가능하다고 자신한다.

정직, 배려, 자기에 대한 공부, 긍정적 마인드가 내 삶의 철학이다.

그리고 사업 철학은 성공을 위해서 살아가는 것이 아닌 생존을 위해 살아가는 것이다.

전자상거래는 모든 인터넷 기술이 그렇듯 미 국방성에서 등장했고, 전자쇼핑몰은 영국에서 먼저 출시했다.

1981년에는 톰슨 홀리데이즈Thomson Holidays가 B2B 마켓을 개설했고, 1984년 영국 Gateshead SIS와 Tesco가 처음으로 B2C 마켓을 개설했다.

1995년은 전자상거래 역사에 획을 긋는 해로 아마존닷컴과 이베이가 탄생했다.

그렇다면 우리나라 전자상거래의 시초는 어디일까? 1996년으로 보면 무방할 듯하다. 세계적으로도 아주 빠른 시기에 인터파크가 론칭한 것을 그 시초로 보는 것이 정설이다.

현재 오픈마켓의 형태는 닷컴문화가 보급되고 옥션과 지마켓이 도입된 2000년 초반에 자리 잡았다고 보면 된다.

한편 통계청이 발표한 2018년 자료를 보면 2017년 11월 온라인쇼핑 거래액은 약 8조 원으로 전년 동월 대비 22%가량 성장했다.

미디어가 발달하면서 등장한 현 20~30대는 현재와 가까운 미래에도 가장 강력한 전자상거래 소비자층이다. 이들을 한마디로 묶어 정의하기는 쉽지 않지만 통상적으로 디지털 언어와 장비를 특정 언어의 원어민처럼 자유자재로 구사한다. 이 세대의 이러한 특성은 쇼핑에도 나타나고 있다. 쇼핑에 자신이 없거나 불필요한 구매를 꺼리는 이들을 위한 커머스와, 반대로 더 복잡하고 적극적인 자세를 요하는 커머스도 생겨나고 있다.

한편 글로벌 시장조사기관 이마케터에 따르면 2020년까지 매년 20% 이상 성장해 약 4,000조 원에 달하는 전 세계 글로벌 전자상거래 시장 규모가 형성될 전망이다. 앞으로 시장 규모는 무한히 커질 것이다.

나 역시 감히 상상을 해보고는 한다.

전자상거래로 세계를 제패하는 방법은 없을까, 너무 늦은 것은 아

닐까, 시대에 맞는 IT 기술을 기반으로 대한민국 전자상거래의 글로
벌 경쟁력 향상을 기하는 방법은 무엇일까 하고 많은 생각을 해보지
만 아마도 정보가 필요할 것이다.

닥치는 대로 정보를 수집하여야 한다. 수집된 정보는 어떤 형태의
가공을 통하여 새로운 지식으로 융합을 해야 할까, 전자상거래의 미
래는 어떤 형태의 산업 간 융합을 거쳐 새로운 위상을 점하게 될까
하고 이제 그 첫걸음을 내딛어 보려 한다.

첫걸음은 추억을 공유하는 핸드메이드 비누 사이트, 세계 여행에
대한 정보를 제공하는 사이트로 시작해 볼까 한다.

과감히 '전자상거래 회사의 회장 되기'에 도전할 것이다.

풍청양(펑칭양)은 무협소설 마니아라면 알고 있을 만한 이름이지
만 대부분이 잘 알지 못할 것이다.

얼마 전 타계한 중국 무협소설의 대부인 김용(진융)의 소설 〈소오
강호〉에 등장하는 인물이다. 심지어 주인공도 아니고 잠깐 나타나
주인공에게 검법을 가르쳐준 사부일 뿐이다.

오랜 무협소설 팬이 아니라면 기억도 못 할 이 가상의 인물 이름
이 요즘 여기저기서 들리고 있다. 미국 뉴욕 증시에 기업공개IPO를
하며 대박 신화를 쓴 중국 온라인 유통기업 알리바바의 창업자, 마
윈 회장이 자신의 별호를 풍천양(펑칭양)이라고 사용하고 있기 때문
이다.

그는 1964년 저장성 항저우의 평탄(評彈·핑탄) 배우 부부의 아들로

태어났다. 문화대혁명 이후 청소년이 된 마윈은 영어에 매료됐다.

그리하여 그는 영어 연습을 위해서 12살부터 9년간이나 매일 아침 일찍 일어나 항저우 호텔 인근에서 지나가는 외국인을 붙잡고 무료로 도시를 안내해 준다는 미명 아래 영어를 익힌 것이다.

대입시험에 두 번 낙방한 뒤 항저우 사범대학에 들어가 영어교육을 전공했고, 그 뒤 항저우전자대학에서 영어를 가르치는 강사로 일했다.

마윈이 처음 창업에 나선 것은 1994년으로, 중국 문서를 영어로 번역하거나 통역을 해주는 사무소를 열었지만 실패했다. 그러나 이는 그가 출장차 미국을 오가면서 인터넷이라는 새로운 세상을 처음 만나게 된 계기가 됐다.

앞으로 인터넷 세상이 올 것이라고 직감한 그는 중국판 인터넷 옐로페이지(업종별 전화번호부)인 '차이나 페이지'를 창업했지만 이 역시 실패했다. 중국 최초의 인터넷 기업으로 꼽히는 이 기업은 준비 부족과 중국 내 인터넷 인프라 부족으로 실패할 수밖에 없는 운명이었다.

다만 지칠 줄 모르는 마윈은 오직 하나 인터넷 세상이 올 것이라는 확신뿐이었다.

마윈의 성공 신화는 1999년, 그가 친구 17명과 함께 알리바바를 창업하면서 시작됐다. 그의 아파트에서 창업된 알리바바는 초기에는 단 한 건의 거래도 성사시키지 못하면서 출범하자마자 위기에 빠졌다.

하지만 2000년 소프트뱅크 창업자인 손정의에게서 2,000만 달러의 투자를 받으며 위기를 넘김과 동시에 국내외에서 화제를 모으며 사업을 키워나갈 수 있었다.

알리바바는 기업대기업[B2B] 온라인 쇼핑몰이라고 할 수 있다. 중국의 중소기업이 만든 제품을 전 세계 기업들이 구매할 수 있게 하는 곳이다.

중국이 '세계의 공장'이라고 불리는 만큼 성공은 약속된 것이나 마찬가지였다. 2003년부터 이익을 내기 시작하였으며, 일반적인 인터넷 기업의 속성인 일정 궤도에 다다르기까지 이익을 창출하기 어려운 구조를 뛰어넘은 것이었다.

알리바바의 성공 원인은 무엇일까?

독일 〈차이퉁〉은 그 원인을 중국인들의 마음을 잘 공략했기 때문이라고 한다. 그러나 내 판단은 조금은 다르다.

바로 인터넷의 무궁한 잠재력에 대한 믿음, 더불어 좋은 파트너인 손정의와의 만남, 중국이라는 특수한 환경, 이 세 가지라고 생각한다.

스스로의 확신!

좋은 파트너!

기업이 도약하기 좋은 대외적인 환경!

그러면 나는 이에 상응하는 자원이 무엇일까?

끊임없이 도전하고 싶은 열정!

IT 강국이라는 대한민국의 인프라!

정보의 바다를 항해하여 인터넷 유저들이 겪는 정보의 혼란을 해결하는 콘셉트!

감히 스스로의 무기라고 판단해 본다.

다산 코리아
행복 코리아를 꿈꾸며

박희준

(사)한국출산장려협회의 창립자, 청소년희망본부 설립자, 을지대학교 외래교수

여성가족부 소관 (사)한국출산장려협회의 창립자로서 "출산장려는 제2의 구국운동이다. 다산코리아! 행복코리아"로 캠페인을 펼치면서 회장을 거쳐 현재는 이사장직을 맡고 있으며, 청소년의 날 제정을 위해 '청소년희망본부'와 맘앤베이비 전문기업인 (주)씨에이팜을 창업했다.

두 차례의 암을 극복하면서도 61세의 만학도로 박사학위를 취득하였으며 국내 최초로 출산장려 운동을 시작하여 20여 년간 펼쳐온 공로를 인정받아 2018년 유네스코서울협회로부터 "유네스코의 올해의 인물상"을 수상하기도 했다.

베스트셀러 작가로서 방송,
언론에서 강연하기

현재 우리나라의 출산율은 0.98명으로 세계 최저의 수치이다.

이 추세가 계속되어 2500년이 되면 우리나라는 이 지구상에서 사라지게 된다고 한다.

필자는 이미 우리나라가 산아제한정책을 성공적으로 끝냄과 동시에 인구절벽을 예견하였다. 그리하여 출산정책협의회라는 임의단체를 만들어 출산장려운동에 뛰어들었다.

당시만 해도 민간부분은커녕 정부에서조차 출산장려정책을 펼치지 않았으니 주위의 사람들이 이상하게 봤음도 익히 짐작하고도 남음이 있다.

어찌했든 내가 창업한 ㈜씨에이팜에서 국내 최초로 프라젠트라를 브랜드명으로 하는 튼살크림을 개발하였는데 이때 튼살이라는 용어도 처음 만들었다.

첫 자녀 출산에는 축하선물을, 둘째 출산에는 50% 할인, 셋째를 출산하면 전액 무료로 우리 ㈜ 씨에이팜 제품을 공급했던 것이다.

그리하여 차츰 주위의 사람들에게 출산장려운동을 하고 있다는 입소문이 퍼지자 멀리 울산시에서도 강연요청을 받아 관내 관계자들을 모시고 강연한 적도 있었다. 또 본인 스스로도 결혼이 되어야 출산이 되겠기에 젊은 학생들에게 교육의 차원에서라도 가족의 소중함을 알려주기 위하여 2014년 을지대학교에서 외래교수직을 맡아 결혼과 가정이라는 강좌를 개설하여 강의를 한 적도 있었다.

그 후 지속적인 활동으로 국무총리상, 보건복지부 장관상도 수상하였고 많은 잡지의 인터뷰는 물론이고, SBS, 평화방송, MBN 등에 출연하여 출산 장려는 제2의 구국운동이라는, 다산 코리아 행복 코리아를 외쳤다.

그러나 홍보효과를 극대화하기 위해서는 아무래도 책을 써서 베스트셀러 작가가 되고 그 화려한(?) 경력으로 방송과 언론에 출연하여 강연하는 것이 어떨까 하는 생각을 하게 되었다.

주위를 보면 많은 사람들이 책을 쓰고 책의 내용과 호응도에 따라 일약 유명인사가 되어 여러 곳에 불려나가 강연하는 것을 많이 보아 왔다.

따라서 필자 역시 그 사람들처럼 우리 사단법인 한국출산장려협회의 사업과 미래 비전에 대한 내용으로 책을 써서 베스트셀러가 된 후, 그 후광으로 정규방송이나 언론에서 강연하고 싶은 마음이 점점 강해졌다.

그러던 어느 날 친구를 만나 이런 심경을 토로하면서 식사를 하다가 책 쓰기를 코칭해준다는 말을 듣게 되었고 '브랜딩책쓰기코치협회'를 소개받을 수 있었거니와 7주간의 교육과정을 신청하게 되었다.

교육 첫날, 다소 생소하기도 했지만 살짝 충격을 받은 것은 책 쓰기와 글쓰기는 다르다는 말과 이 과정만 충실하게 수강하고 코치가 내준 과제물을 잘 이행하면 누구나 단행본 정도의 책은 쉽게 쓸 수 있다는 말이었다.

귀가 솔깃하여 바로 닉네임을 베스트셀러작가라고 등록하고 나니 벌써 베스트셀러작가가 된 듯한 느낌이다.

7주간의 엄격한(?) 교육을 받으며 그동안 살아온 이야기와 그중에서 출산장려운동을 20여 년간 해온 필자의 자전적 스토리를 책으로 써보고 싶었다.

초보 작가로서의 첫 출판이니만큼 최선을 다해 집필하여 곧 이 책을 베스트셀러가 되도록 하고 온 국민이 즐겨 읽을 수 있는 필독서로 만들어 보고자 한다. 그리하여 방송이나 언론에 출연하여 강연이나 미디어를 통해 많은 청중들의 마음을 사로잡고 싶은 것이 하나의 바람이다.

이것이 나의 첫 번째 꿈이다.

베스트셀러 작가의 명강연!

생각만 해도 마음이 황홀해져 온다.

역사적으로 고금동서를 망라하여 수많은 사람들의 가슴을 울리는 명연설과 머리를 강타하는 듯한 명강의가 있었겠지만 필자가 즐겨 인용하고 화제로 삼는 연설은 두 가지로 미국 링컨의 '게티스버그 연설'과 독일 철학자 피히테의 '독일국민에게 고함'이라는 연설이다.

이 두 사람의 연설은 너무나도 유명하여 현재까지도 사람들이 즐겨 인용하고 정치지도자들도 하나의 덕목으로 삼고 있느니만치 모르는 사람은 거의 없으리라고 생각된다.

링컨의 연설은 1863년 미국의 흑인노예제도폐지정책으로 벌어진 남북전쟁 중에 이루어졌다. 펜실베니아 게티스버그에서 벌어진 전투에서 전사한 군인들을 위해 급조한 군인묘지 개막식에서다.

링컨의 이 게티스버그 연설은 '국민의 국민을 위한 국민에 의한'으로 집약되는 것으로 민주주의 요체要諦를 갈파한 연설이었다.

그 연설은 길이가 단지 272개의 단어로 구성된 10개의 문장일 뿐이었으며 연설을 하는 데도 기껏해야 3분도 채 걸리지 않았다. 그러나 그 연설은 미국민을 규합시키는 매개체가 되어 지금도 역사상 가장 영향력이 큰 연설 중 하나로 꼽힌다.

또 하나는 1806년 초로, 독일은 보불전쟁에서 프랑스의 나폴레옹에게 패하였다. 프러시아의 황제 루이가 전사했고 부부였던 루이제 황후가 여성임에도 군복을 입고 일선에서 지휘했던 전쟁이었다.

그 루이제 황후가 항복문서인 틸지트 조약문서에 서명을 앞두고 나폴레옹 앞에 무릎을 꿇고 항복조건을 완화해 줄 것을 애원하였으나 받아들여지지 않자 그 분함을 이기지 못하고 스스로 목숨을 끊은 마당이었다.

그리하여 항복문서 조약 후 독일국민들은 프랑스 점령군 치하의 굴욕적인 상황에서 무기력하게 생활하고 있었다. 이때 독일로 돌아온 피히테는 베를린아카데미에서 거의 4개월에 걸쳐 14회의 강연을 하였는데 그것이 유명한 '독일국민에게 고함'이라는 강연이었다.

이 강연은 희망도 없는 시절에 독일국민들의 애국정신을 일깨웠으며 독일을 부흥시킨 직접요인이 된 독일지성운동과 게르만 운동으로 직결되어 있다.

필자 역시 금번 3·1독립운동 100주년과 상해임시정부수립 100주년을 맞아 올해 10월 3일, 하늘이 열리는 개천절에 국회의원회관 대강당에서 각계각층의 인사들로 선정된 100인의 구국지사를 모시고 오온캠페인 출산장려운동의 시작을 알림과 동시에 출산보국 100년 대계 선포식을 가지고 본격적으로 조직적인 출산장려운동을 시작할 예정이다.

오온캠페인은

1) 3·1독립운동 100주년에 독립정신을 계승하고

2) 100인의 구국지사와 더불어

3) 출산보국 100년 대계를 목표로

4) 100가지의 출산장려운동과제를 새로이 발굴하고

5) 국가의 연간 출산장려예산이 향후 점진적으로 100조까지 달성

될 수 있도록 청원하기를 아우르는 다섯 개의 백이라는 의미의 캠페인으로 인구절벽에 처한 우리나라의 저출산, 고령화 문제를 극복하기 위하여 필자가 작년 10월에 주창한 캠페인이다.

3·1독립운동으로 나라를 되찾자는 구국정신과, 저출산으로 인구 절벽에 처한 우리나라를 구하자는 취지에 맞닿아 있고, 100인 구국 지사는 이 운동을 함께 열정적으로 해 나갈 100인의 각계각층의 영향력이 있는 유명 인사들을 모신다는 것이다.

100인의 구국지사라고 하여 인생 경험이 많고 저명한 인사들로만 구성되는 것이 아니라 앞으로 이 운동을 이끌어 나갈 젊은 세대들도 영입하여 구태의연한 정책의 사고방식이 아닌 신선한 아이디어와 활기가 넘치는 운동으로 승화시켜 나갈 생각이다.

100인의 구국지사들은 처음에는 100명을 모시고 차츰 호응이 되면 2차, 3차로 계속해서 모시어 적어도 1,000명 이상의 국내 및 해외의 인사들을 모실 계획이다. 또 교육이 국가백년대계라 하듯이 우리의 출산장려운동도 앞으로 100년을 바라보고 강대국으로 또 남북한 합쳐 1억이 넘는 인구대국으로서 국가부흥의 큰 계획을 짜보자는 의미이다.

길어졌지만 위 두 명연설에서 필자가 배운 것은 게티즈버그의 연설처럼 호소력이 있고 간결하고 짧은 문장구성으로 인구人口에 회자膾炙되는 명문을 만들어 출산장려운동이 인구가 많은 나라가 강대국이 된다는 취지의 국가의 미래 비전을 제시할 수 있는 강연을 하고 싶은 것이다.

또 '국민에게 고함'에서는 우리 국민들의 저출산에 대한 인식을 바로잡을 수 있는 교육을 통해서 '출산이야말로 제2의 구국운동이며 진정한 애국이다.'라는 애국심을 함양하는 과정이다.

이 과정의 실시야말로 우리나라가 선진국에 진입하고 강대국이 되어 더 풍요롭고 평화스러운 나라를 만들 수 있음을 소리 높여 강조하고 싶은 마음 절절하다.

출산장려 5개년계획을 세워
제2의 구국운동으로 만들기

요즈음 인구절벽으로 나라가 많은 어려움에 처하고 있다.

특히 올해는 출산율이 대략 0.98명 정도로 사상 유래가 없는 기록을 갈아치우고 있다.

이미 많은 사람들이 인지하겠지만 많은 인구학자들은 이러한 초저출산율이라면 500여 년 후에는 우리 대한민국의 존재가 없어질지도 모른다고 한다.

아직 500여 년이나 남았으니 아무도 자기 생전에 겪을 일이 아니니 하고 무관심하리라 생각된다. 그러니 오늘로부터 500여 년 전으로 돌아가 보면 역사는 간단치 않다.

온 국토가 전장이요, 온 국민이 외적의 침략에 어육이 되었던 임진왜란, 병자호란은 차치하더라도 근세의 일본강점기, 6·25 등의 환란을 겪어오면서 나라를 구하기 위해 일어섰던 우리 선조들의 얼을 되새겨보면 우리가 이 출산장려운동을 구국운동의 차원으로까지 승화시켜야 하는 이유는 자명하다.

1910년 한일합방조약이 체결되던 해 이시영 가문은 그 많던 전답과 재산을 깨끗이 정리하고 식솔들을 이끌고 남부여대男負女戴하여 압록강을 건너 만주로 망명하였다.

일제의 강압통치가 시작되자 일본을 이길 군사력의 필요성을 절감하고 재산을 정리하여 만주로 망명하여 신흥무관학교를 세우고 독립군을 양성하였던 것이다.

이후 조국광복을 맞아 1945년 귀국할 때까지의 그 고난과 어려움은 우리의 상상을 초월한다고 한다.

같이 떠난 6형제 중 나머지 형제들은 다 죽고 이시영 선생 혼자만이 살아 돌아와서 대한민국 초대 부통령이 되었다.

삼한갑족三韓甲族 중의 하나인 이 가문이 만주를 떠돌면서 굶주림과 북풍한설北風寒雪 추위 속에서도 오직 조국광복을 위해 겪어야 했던 고초와 어려움은 말로 다 형용할 수가 없으리라 추측된다.

그 가족과 형제들이 다 죽고 일부는 중국 땅을 유리걸식하면서 오로지 조국광복을 위해 싸운 그 애국심은 하늘이 알고 땅이 알지 않겠는가.

2018년 출산율은 통계청의 발표에 따르면 예측한 대로 1명 이하인 0.98명으로 나타났다. 사상 최초가 되는 엄청난(?) 기록이다.

좀 뒤틀린 심정으로 말하자면 세계 최고, 최대를 좋아하는 우리 민족이 세운 또 하나의 기념비적인 암울한 흑역사가 아닐 수 없다.

1960년대 합계출산율이 5명 정도가 되었고 그때 대구 인구가 100만을 조금 밑돌던 시절에 매년 대구시 인구만한 아이들이 태어났던 것을 상기해볼 때 격세지감隔世之感이라는 말로는 짐작조차 할 수가 없는 것이다.

2019년 2월 1일자 조선일보를 보면 20~44세의 미혼남녀 2,500명을 대상으로 조사된 바, 요즈음의 여성들의 자녀출산에 대한 앙케트 설문조사에서 자녀가 꼭 있어야 하느냐는 질문에 20% 정도만이 자녀가 꼭 있어야 한다고 대답했다고 한다.

반면에 미혼여성의 48%, 미혼남성의 29%는 자녀가 없어도 무관하다고 대답했다고 한다.

빠르게 변하고 있는 것은 인공지능 등의 첨단기술만이 아니다. 우리 젊은이들의 자녀와 결혼, 가정에 대한 관념도 빠르게 변하고 있는 것이다. 비록 우리 세대와 비교하지 않더라도 충격적인 변화인 것이다.

저출산이 가져오는 국가적 폐해는 이미 주위에서 많이 나타나고 있지만 그중에서 눈에 띄는 것이 지방 군소도시와 초, 중학교의 감소이다.

지방 소멸과 인구 감소 예상지역은 영양군, 청송군, 의성군을 비롯한 삼척시, 태백시, 상주시 등등으로 나타나고 있다. 폐교조치(학생 수 60명 미만) 수준의 초, 중학교는 강원도 48%, 전남 49%로 2019

년 1월 현재 집계되고 있다.

필자는 이미 20여 년 전에 당시 가족계획협회의 산아제한정책이 성공하여 합계출산율이 1.7명 이하로 떨어질 때 앞으로 다가올 인구절벽을 알아보았다.

그 당시의 신문기사에 '앞으로 인구가 줄면 60만 군대는 어떻게 유지하느냐' 하는 질문에 그때는 첨단무기로 무장하고 훈련을 통해 정예강군으로 육성시키면 된다고 하는 것을 보았다.

당연히 최첨단무기를 계속 개발 혹은 수입하여 국토안보에 대비하여야 하겠지만 2018년 통계청의 자료에 의하면 2020년 초반부터는 병역자원도 부족하기 시작하여 2030년 초반까지는 연평균 2만 3,000명의 사병이 부족하게 된다고 하니 그 이후는 말할 것도 없다.

그리하여 필자는 이 인구감소가 가져오는 폐해를 미리 알아차리고 산아제한정책이 공식적으로 폐기된 1999년 이전부터 국회의원회관을 방문하여 국회의원들에게 출산장려정책에 대한 법안을 만들어 발의해 줄 것을 간곡히 부탁하기도 했다.

이시영 선생 같은 독립운동가들이 그러했듯이 편안하고 풍요로운 삶을 헌신짝처럼 던지고 목숨을 초개같이 여기며 피 흘린 수많은 애국선열들이 존재했기에 오늘날 우리가 평화롭게 살아 숨 쉬고 우리의 조국이 이 지구상에 존재하고 있는 것이다.

그러나 오늘날 처한 이러한 인구절벽이라는 암울한 현실에 비해 우리 젊은이들의 결혼과 가정 및 자녀에 대한 인식은 정말 무관심하다는 말이 적합할 정도로 빠르게 변화하고 있어 출산장려운동을 단순한 캠페인 정도가 아니라 결국에는 전 국민이 나서 구국운동차원으로까지 승화시켜야 하는 이유가 여기에 있다.

여기에서 필자는 비단 이시영 가문만을 말하고자 함이 아니고 안중근, 유관순, 윤봉길 등등 수많은 애국자들이 떨쳐 일어나 오직 나라와 민족의 평화와 안녕을 위해 목숨을 걸고 싸운 선열들의 그 애국심을 한번 일깨워보고 싶은 것이다.

우리 역사가 생기고 수많은 외적침입에 맞서 싸운 선각자, 독립운동가들의 애국심이 우리 사단법인 한국출산장려협회의 구국운동정신에 맞닿아 있음을 부인할 수 없다.

그리하여 오늘날 인구절벽 앞에 선 우리나라의 어두운 앞날에 대한 염려로 우리 젊은 청년들에게 구국운동차원의 애국심에 한번 호소해 보고 싶은 심정이 절실하다. 물론 결혼과 집은커녕 현실적으로 취업 및 연애도 할 형편이 안 되는 젊은이들의 마음을 백번 이해한다 하더라도 한 가닥 애국심에 기대어 보려함은 지나친 욕심일지 모른다.

부부간에 임신여부의 결정은 여성의 마음이 70%를 차지한다고 하는 통계가 있는데 이는 여성이 임신을 원하면 아이를 가지게 된다는 이야기이다.

육아의 어려움을 모르는 남자들의 생각이라고만 할 것이 아니라 국가를 위한 일에 여성들이 애국심을 발휘하여 출산에 보다 적극적이기를 빌어본다. 물론 정부 및 지자체에서 새로운 정책개발과 효과 있는 사업시행에 노심초사하고 있겠지만 이제는 선택과 집중으로 정책기조를 바꾸고 전 국가의 역량을 집중하여 임신과 출산, 육아를 하는 여성들에게 공전절후空前絶後의 지원이 따라야 함은 말할 필요도 없다.

그리하여 출산장려도 국가의 전 역량을 총동원해서 과거 정권의 경제개발 5개년 계획처럼 줄기차게 밀어붙여야 한다고 생각된다.

어느 모임에 가서 출산장려에 대해 한마디 했더니 그중 한 사람이 이렇게 말한다.

"아이를 낳는 것이 바로 애국이다. 그건 아기 하나가 안중근 의사의 총알 한 발, 윤봉길 의사의 도시락 폭탄 한 발에 맞먹는 것이다."

청소년의 날을 제정하여
젊은이의 기 살리기

　신문을 보면 자주 청소년들이 저지른 끔찍한 사건들을 볼 수가 있다. 심심찮게 터져 나오는 기가 막힌 사건들 앞에서는 아예 벌어진 입이 다물어지지 않는다.

　예를 들자면 한 아이를 따돌려 자살에 이르게 하는 일도 있다. 또 PC방에서 선배들에게 인사를 하지 않는다고 여중 후배를 폭행하여 중상을 입히는 사건이 일어나는가 하면 남학생 몇 명이서 약한 후배 여학생을 납치하여 여관 등지로 끌고 다니면서 성폭행을 하고 더 나아가 성매매까지 강요하는 기가 막히는 막장사건들도 있다.

　또 태권도를 전공하는 모 대학의 체육학과 여대생이 전철 안에서 큰 소리로 통화를 하다가 자리에 앉아 계시던 어느 할아버지가 소리를 좀 죽여 통화하라고 했다가 여학생의 발길질에 그만 쓰러졌다는 기사도 있다.

그 외에도 게임을 많이 한다고 모친이 꾸중을 하자 그만 엄마를 폭행 치사한 사건 등등 이루 헤아릴 수가 없다.

아직 미성년인 청소년들이 이런 극악한 범죄를 저지른 것도 그렇지만 동기생을 치사케 한 범죄 후에도 주위사람들에게 자신이 아직 미성년이니 형을 가볍게 받아 소년원에서 몇 년 살고 나오면 되지 않겠느냐고 하더라는 기사는 차라리 눈을 의심할 지경이었다.

2018년 통계청자료에 의하면 2015년에서 2017년까지의 3년 동안 비혼 출생이 1,200여 명 수준으로 매일 한 건씩의 출산이 되고 있다고 한다. 또 한편으로는 요즈음 고교 남학생들 중에 정관수술을 받으려는 학생들이 있다고 하는데 학생의 부모들은 자기 아들이 성적으로 문란하여 여자 친구와 사고를 쳐 덜컥 아기라도 들어서면 낭패라 미리 방비하는 차원에서 정관 수술하겠다고 병원을 찾는다고 한다니 다만 기가 찰 일이다.

고대 함무라비 법전에도 '요즈음 아이들은 버릇이 없다.'는 문구가 있다고 하니 예나 지금이나 어른들로서는 당연히 아이들에게 불만이 있겠지만 아이들이라 당연히 그러하겠고 또한 어쩔 수가 없지 않나 싶다.

필자는 어릴 적에 경북 칠곡군 인동면(지금은 구미시로 편입)의 농촌에서 자라 봄에는 모심기를 해보기도 했다.

그러나 힘들여 모를 심고 논두렁 올라 보면 어른들이 심은 모나 내가 심은 모나 솔직히 어린 마음에 보기에도 엉성하긴 마찬가지였다. 벼 포기가 좀 모자란 것도 같고 줄도 삐뚤삐뚤하기도 하고, 또 어떤 모는 옆으로 쓰러질 것도 같았다.

그러나 여름에 농약을 칠 때쯤이면 벼 포기들이 성장하여 제법 굵은 줄기묶음을 형성하여 보기에도 아주 실하게 보인다.

메뚜기 날아다니는 가을 들녘을 지나치다 보면 이제는 꽉 찬 황금 이삭들을 달고 늠름하게 서 있는 것이다.

청소년들은 바로 이런 존재들이 아닐까 싶다.

버릇이 없고 하는 일이 서툴러도, 어린 마음에 사고를 쳐도 어른들이 이해하고 잘 교육하면 성년이 되었을 때 한 가정의 가장으로서 책임을 다하는 또 국민으로서 의무를 다하는 멋진 어른이 되어 있을 것이다.

물론 청소년범죄가 어제 오늘의 일만은 아니겠지만 이런 유의 학생들은 원래 태어날 때부터 성정이 악했을까 반문해본다.

맹자의 성선설이나 순자의 성악설도 일리가 있겠지만 필자의 생각으로는 성장하면서 받은 교육의 질에 있다고 여겨진다.

계절의 여왕이라 불리는 오월은 참으로 멋지고 싱싱한 계절이다.

산과 들에는 지천으로 꽃들이 피기 시작하고 푸른 잎들은 녹색의 싱그러움을 발한다. 당연히 이 좋은 계절에는 각 단체에서 행하는 체육대회나 야유회 등 야외행사가 즐비하다.

그건 그렇다 치고 달력을 자세히 들여다보면 행사와 기념일이 많기도 하다. 우선 5월 5일 어린이날, 5월 8일은 어버이날, 15일은 스승의 날, 20일은 성년의 날, 21일은 둘이 하나 되는 부부의 날 등등.

필자도 출산장려운동을 시작하던 2,000년대 초에 어린이도, 어버이도, 부부도, 성년도, 스승도 모두 자기들의 날이 있는데 유독 한창 자아가 완성되어가는 고등학교나 대학생의 연령대를 커버하는 청소년의 날이 없음에 주목하였고 늘 안타깝게 생각하곤 했다.

물론 성년의 날이 있는데 굳이 또…… 하는 사람들도 있겠지만 필자가 생각하기로 성년의 날에는 의미자체가 그냥 20세가 되어 이제는 어른으로서 대우를 해준다는 의미의 요식행사 같은 느낌이다. 사실 이날이 되면 스승들이 제자들의 발을 씻어주는 세족식 같은 것을 하는 기사나 사진들을 보게 되면 더욱 그렇다.

그리하여 필자의 생각으로는 어린이날과 성년의날 사이에 5월 10일을 청소년의 날로 정하여 어린이날 못지않게 기념일로 정하여 청소년들에 대한 행사를 많이 개최했으면 한다.

국가의 미래를 짊어지고 갈 청소년들에게 국가에서 보다 많은 관심을 쏟아 같이 고민하고 같이 즐기는 행사를 만들어 청소년들에게 자신감을 심어주고 자신들이 만들어 가야 하는 국가와 사회에 대해 올바르게 인식할 수 있는 기회를 부여하는 것이 옳다고 생각한다.

이런 생각에 정말 필자 자신이 직접 젊은이들과 같이 호흡하고 싶어서 청소년희망본부를 설립하여 5월 10일을 청소년의 날로 제정했는데, 이는 청소년의 존재가치를 확인하고 이들의 자아정체감이 제대로 형성되어 건전한 사회인으로 성장하도록 지원하자는 취지이다. 아울러 2013년 3월에 을지대학교에 외래교수로 부임하여 결혼과 가정이라는 강좌를 맡아 강의를 하게 되었다.

강의 첫날은 필자가 대학을 졸업한 지 어언 45년이 되는 날이었다. 강의실을 꽉 채운 학생들을 볼 때 45년 전 경북대학교에 재학하면서 연구실과 강의실을 바삐 뛰어다니던 추억이 한순간에 주마등들처럼 지나갔고 온몸에서는 엔도르핀이 뿜어져 나오는 것 같은 느낌을 받았다.

학생 수가 40명 정도로 큰 규모의 강의는 아니었으나 그중 30여 명이 여학생이었다. 이미 성인이 되었으니 나름대로 화장도 하고 했으나 그 초롱초롱한 눈망울들은 어린아이같이 정말 싱싱하게 살아 있었다.

앞서 설명한 비행청소년이나 대학의 강의실에 나온 학생들이나 이런 학생들에게 중, 고교 때부터 자아실현에 관한 교과목을 확대하여 자신의 정체성을 깨우쳐 주는 교육프로그램이 꼭 필요하다고 느꼈다.

이 역시 출산장려운동의 일환으로 청소년들의 정체성을 교육하여 올바른 인생관과 가족 및 가정의 소중함과 행복감을 심어주어 훗날 나라의 일꾼이 되었을 때 타인에 대한 배려와 국가에 대한 애국심, 충성심이 극대화되는 품격 있는 인성을 길러 주어야 할 것이라고 생각된다.

사실 요즈음의 청소년들에게는 학교나 사회가 주는 압박감이 거의 고드름이 얼어붙는 빙하기 수준이다. 중학교, 고등학교에서는 성적 일등주의, 대학 일류주의로 인한 살인적인 경쟁관계가 형성되어 있고 대학을 졸업해도 취업이 안 되니 수중에 돈이 없어 출산은커녕 연애도 못 하고 더욱이 결혼은 엄두도 못 내는 참으로 불쌍한 3포 세대인 것이다.

이러한 청소년들의 비행과 재정적 어려움, 불행한 가족사들을 보고 들으면 이들을 위한 지원과 정체성교육이 꼭 필요하다고 여겨졌다. 그리하여 2012년 6월 구로구 가산동 ㈜ 씨에이팜 사무실에서 청소년희망본부를 발족하여 초대 본부장에 취임하여 활동을 시작하였다.

이때는 물론 출산장려운동과 병행해서 실시함으로서 교육의 효과를 높이고 출산장려운동의 국민인식을 극대화하고 싶었다.

금천구상공회의소 부회장으로 재임할 2014년부터는 금천구와 협력하여 금천구의 관내 청소년들을 위하여 500만 원 정도의 장학금을 만들어 기증하고 그들을 격려하였다. 또한 청소년들은 성장함에 따라서 종아리에 살이 트는 현상이 발생하는데 사춘기의 학생들이 이를 매우 부끄럽게 여긴다는 소리에 '화이트 마크'라는 튼살방지크림을 개발하여 상당액의 상품을 쾌척하기도 했다.

그러나 이 역시 위암수술, 그리고 2016년 두 번째의 간암수술로 인한 업무의 공백으로 안타깝게도 이어지지 못하고 말았다.

이제 몸도 완쾌되었으니 다시 힘을 내어 시작하기로 마음먹었다.

우선은 청소년의 날을 법적으로 제정하는 데 최선의 노력을 경주하고 청소년들이 실제적으로 참여하고 도출해 주는 신선한 아이디어로 그들의 싱싱한 기를 팡팡 살려주고 싶다.

청소년들의 사고가 건전해야 훗날 행복한 가정을 이루어 출산장려에도 많은 기여를 하게 될 것이다.

정부부처 간의 콜라보를 통해
출산장려운동의 시너지 올리기

인구가 많은 나라가 경제대국이 된다는 생각은 인구학자들이나 경제학자들에게는 오래 전부터 있어 온 이야기이다.

필자 역시 우리나라의 인구절벽을 예견한 이후 민간인의 신분으로 출산장려운동에 헌신하기로 결심하였다. 왜냐하면 인구학자들이 발표하는 미래보고서 등을 참고해 보면 인구가 줄어들어 수많은 폐해가 생겨나고 있는 일본의 경우를 볼 때 그 패턴을 우리가 따라가게 될 거라는 생각이 들어서이다.

그리하여 1997년 이후 국회의원회관의 의원 사무실을 일일이 방문하면서 국회의원이나 하다못해 비서관에게라도 다시 출산장려의 법안을 발의해야 하는 당위성을 누누이 설파하고 그 법안을 통과시켜줄 것을 호소하고 다녔다. 또 그 후 두 번이나 암수술을 받는 등 고통의 세월이 흘러 2018년에는 참으로 어렵사리 사단법인을 허가

받았다.

그리하여 이를 계기로 전 국민들에게 출산의 귀중함과 가족의 행복감을 알리기 위해 2019년 10월 3일에는 국회의원회관 대강당에서 출산장려구국운동 선언과 함께 출산보국원년을 선포하기로 계획이 되어 있다.

고금동서古今東西를 막론하고 인구증가를 위해 애쓴 흔적 등을 많이 찾아볼 수가 있다. 김동인의 소설 '을지문덕'에서도 사실여부는 차치하고 소설 속이지만 자녀를 많이 낳은 여성들에게 다산록多産錄이라는 상을 주고 있다는 이야기가 나온다.

예를 들기는 좀 그렇지만 옆 나라 일본에서 전국시대를 마감한 도요토미 히데요시 당시 수많은 전쟁과 전란으로 인구가 줄자 전국에 영을 내려 무릇 여성들은 속옷을 입지 말고 등에는 방석 같은 것을 지고 다니다가 남자를 만나면 장소를 불문하고 무조건 애를 생기게 하라고 영을 내린 바 있다.

또한 600만 유태인을 학살한 히틀러는 2차 세계대전으로 비록 수많은 젊은이들을 전장으로 몰아넣은 희대의 독재자이지만 독일의 인구증가를 위해서 결혼하여 첫째 아이가 태어나면 주택비용의 3분의 1을, 둘째 아이는 2분의 1을, 셋째 아이가 태어나면 전액을 지원해 주는 방식으로 인구증가를 꾀했다.

루마니아의 차우세스쿠 대통령은 결혼한 가족에게 무조건 5명의 자녀를 낳으라는 해괴한 정책을 펴며 낳지 않는 가족에게는 엄청난 세금을 매겼다. 이 정책으로 신생아가 많이 태어났으나 이 아이들을 위한 보육시설을 비롯한 인프라가 전혀 지원되지 않아 많은 아기를 감당할 수 없는 가족들은 정부가 운영하는 아동보호시설에 아기들을 맡겨 버리는 상황이 되었고 차우세스코가 실각하자 이 이이들 문제는 상당한 사회적 문제를 야기하기도 했다.

최근 신문에 보도된 헝가리의 출산장려정책은 우리 협회로 봐서도 시사하는 바가 크다.

헝가리 빅토르 오르반 총리의 출산장려정책은 신혼부부에게는 4,000만 원을 무이자로 대출해 주며 셋째 아이를 출산하면 대출금 전액을 탕감해 준다. 그리고 3명 이상 다자녀가구가 7인승 자가용 구매 시에는 1,000만 원을 지원해주며 4명 이상의 자녀를 낳은 여성에게는 평생 소득세를 면제해 준다는 파격적 정책이다.

이렇듯 정책의 성패를 떠나 국가의 최고지도자라면 많은 인구가 그 나라 국력과 경제력의 기본이 된다는 생각에는 일치를 보고 있다고 여겨진다. 물론 우리나라에서도 대통령 직속기관으로 저출산고령사회위원회가 있어 많은 정책을 쏟아내고 있고 각 지자체들도 앞다투어 수많은 정책을 입안하고 천문학적인 재정을 투입하고 있는 실정이긴 하다.

정부에서도 2006년부터 제1차 저출산, 고령사회 5개년정책으로 연 10조에 가까운 재정을 쏟아 붓고 있고 지금까지 153조를 투입했다고 하는데, 합계출산율은 오히려 떨어져만 가고 있는 암울한 현실이다.

어찌 되었든 우리나라의 저출산, 고령화 문제를 극복하기 위하여 노심초사하고 있는 정부기관은 무엇보다 여성가족부와 보건복지부, 인구보건복지협회 등일 것이다.

초창기에 한국출산보육장려협회라는 좀 긴 이름으로 협회를 운영할 때 한번은 여성관련 업무로 여성가족부를 찾았는데 업무의 성격상 이는 보건복지부로 가라고 해서 좀 짜증이 났던 기억이 있다. 물론 확인을 해보지도 않고 찾아간 본인의 실수이지만 비슷한 업무가 따로 갈라져 있으니 공무원들의 업무가 중복되는 것이다.

출산은 여성가족부, 육아는 보건복지부가 맡고 있는 형국인데 한 부처에서 집중적으로 출산정책을 밀고 나가도 시원찮은 상황임에도 정부 내 두 부처에서 따로 비슷한 정책을 만들고 실행하다 보니 손바닥이 마주지지 않는 느낌이다.

따라서 두 부처의 내부사정은 어떤지 모르지만 콜라보레이션 취지를 감안하여 저출산, 고령화관련 정책과 사업만을 따로 떼어서 독립기관을 신설하면 더 큰 시너지 효과가 나지 않을까 하고 생각해 왔다.

수장이 장관급인 출산양육부나 하다못해 좀 작은 규모의 출산고령청이라는 외청으로라도 독립시켜 저출산, 고령화정책을 총괄 진두지휘할 수 있는 전담부처가 생겨 긴 호흡으로 100년 앞을 바라보며 정책을 밀고 나아갔으면 하는 바람이 간절하다.

그리고 당연히 출산장려 정책에는 그 뒤에 따르는 육아의 차원까지를 포함해야 하고 그러려면 더 막대한 재정의 확충이 반드시 필요하다. 그러한 안목에서 볼 때 우리나라도 여성이 가임기에 들어서는

15세 이상의 여성들에게 희망가족통장이라는 것을 만들어주고 정부가 80%, 본인이 20%를 정도를 분담하여 미래의 임신이나 출산 시 목돈을 만들어 축하의 선물로 주는 방법도 한번 생각해 볼 만하다고 느껴진다.

또 우스갯소리가 될지 모르겠지만 차제(此際)에 문화체육관광부도 같이 참여하여 로또에 버금가는 출산장려복권을 발행하여 재정을 확보하고 이 재정은 온전히 출산장려정책시행에만 투입하면 각 정부부처 및 지자체의 시너지 창출에도 타 기관의 본보기가 되고 합계출산율도 확실하게 올라가지 않을까 하는 마음이다.

UN 산하 유네스코 문화유산 등록하기

필자는 1990년대 말부터 출산장려운동에 뛰어들어 많은 우여곡절을 거쳐 2010년 9월 정식으로 비영리민간단체로서 한국출산장려협회를 창립하고 업무를 시작하였다.

당시 그동안 마음속에서 차곡차곡 정립되었던 우리 한국출산장려협회의 봉사정신과 육아, 양육시스템을 완성하여 반기문 사무총장 현직 시 UN 산하기구로 등록을 하여 세계 곳곳에서 저출산으로 문제가 되고 있는 국가들에게 이를 공유하여 세계평화에 조금이나마 이바지하기를 꿈꿔왔다.

하지만 그 꿈을 시도조차 못한 채 2013년과 2016년 두 번에 걸친 암수술로 거의 3년을 허송세월하며 귀중한 기회를 놓쳐버렸다.

처음에는 위장검사를 하다가 위에 암소견이 발견되어 위의 3분의 2를 절제하였다. 그 후 치료와 요양에 전념하던 중 또 간에서 종양이 발견되어 간도 반 이상을 잘라내었다.

소설 '좁은 문'으로 유명한 앙드레 지이드는 병과 여행만이 자아를 돌아보게 한다고 했는데 이 기간 참으로 많은 생각을 하면서 필자의 과거를 돌아보며 오로지 우리 협회의 발전만을 위하여 소중한 시간을 보냈다.

당연히 대표이사가 자리에 누워 있으니 조그마한 중소기업의 상황은 더욱 어려워졌다. 어쨌든 몸을 추스르고 일어나 바로 사단법인 허가에 몰입하여 2018년 6월 서울시로부터 허가를 받게 되어 다시 출산장려운동의 물꼬를 트게 되었다.

그럼에도 필자는 지난 2018년 12월 26일 유네스코 한국연맹 서울협회로부터 2018년 유네스코 올해의 인물상을 받게 되었다. 지난 20여 년 동안 출산장려운동에 헌신한 공로를 인정하여 수상한 것인데 사실 이때 필자가 유네스코라는 단체에 본격적으로 관심을 갖게 된 동기가 된 것이다.

참으로 뜻밖의 상에 개인적으로도 영광스럽고 우리 사단법인 한국출산장려협회의 앞날에 큰 이정표가 되어주는 것 같았다.

그리하여 좀 더 알아보니 유네스코에 등재되는 세계문화유산에는 몇 가지의 문화유산 중에서도 기록문화유산이라는 것이 있는데 기록문화유산에는 기록이 담긴 자료, 비기록 자료, 전통적인 움직임과 현재의 영상 이미지, 오디오, 비디오 등이 포함된 것이라고 한다.

따라서 현재의 시스템을 확고하게 만들고 정신적인 면을 더욱 함양하여 훗날 유네스코 세계기록문화유산으로 등재하여 국위를 선양하고 세계평화에도 일조를 하고 싶다는 소망을 품게 되었다.

유네스코는 1972년 세계문화 및 자연 유산 보호 협약을 채택하였다. 이러한 보편적인 가치들을 지닌 자연유산 및 문화유산들을 발굴하고 보호, 보존하여 인류의 유산으로 길이 전하기 위해서이다.

우리나라에서도 많은 문화유산들이 등재되어 있는데 그중에는 한국씨름(2018년)도 등재되어 있다. 좀 뜻밖이지만 참으로 자랑스럽다.

'세계유산'이라는 용어의 정확한 의미는 모든 인류에게 속하는 보편적인 가치를 지니고 있고 특정 소재지와 상관없이 후대에 물려줄 만한 가치가 있는 것을 말한다고 한다.

간송 전형필은 일제강점기시대 인물로 전 재산을 걸고 우리 문화유산을 지킨 애국자이다.

필자의 소견으로 간송 선생의 행적은 3·1독립선언의 위업과 정신에 비해서도 결코 못하지 않다고 생각된다. 그가 서화, 도자기 등 민족의 문화유산을 수집, 구입하는 데 알려진 수많은 일화가 있지만 우리나라의 문화유산이라면 값을 따지지 않고 구입한 이야기도 많다.

유네스코 세계기록문화유산으로 등재된 '훈민정음 해례본(국보 70호)'을 구입할 때는 일반사람이라면 정말 눈이 튀어나올 만한 거금을 서슴없이 던졌다고 한다. 1940년 경북 안동에서 훈민정음 원본이 출현했다는 소식을 듣고 한달음에 달려간 간송은 이 해례본이 진품임을 알아보았다.

소장자는 큰 기와집 한 채와 맞먹는 가격을 불렀지만 간송은 값을 따지지도 않고 두말없이 그 자리에서 1만 원을 주고 구입했다고 한다. 지금 시세로 봐서도 아무리 적게 잡아도 5억 정도는 되지 않았을까.

간송은 민족의 정기와 전통이 살아 숨 쉬는 민족유산을 지키기 위해 그 많은 재산을 아낌없이 뿌린 인물이다. 물론 재산도 엄청 많았겠지만 돈만 있다고 될 일이 아니었던 것은 확실하다.

그는 무형의 일편단심 一片丹心 애국심으로 꽉 찬 진정한 애국자였던 것이다.

이 해례본은 세종대왕의 한글창제 원리를 해설한 책으로 유네스코의 세계기록문화유산으로 당당히 등재되어 있는, 자랑스러운 우리 민족의 귀중한 유산인 것이다.

마침 우리나라에서도 일부 단체들이 유네스코 세계기록문화유산 등재를 추진하는 단체가 있었으니 바로 3·1운동 유네스코 세계기록문화유산 등재 및 기념재단이다. 이 재단은 2017년 12월 출범하였는데 독립선언 100주년을 맞아 올해 2019년 정식으로 등재신청을 목표로 진행하고 있다고 한다.

여기에는 남, 북, 해외에서 각각 33인씩의 저명인사들을 공동대표단으로 하고 1천 명의 발기인으로 추진한다고 하는데 그 추진단의 규모가 어지간하리라 생각된다.

국내는 물론이고 인류사적으로도 빛나는 3·1독립정신을 널리 전파, 발전시키고자 유네스코 기록문화유산으로 등재시키려고 하는 것이라고 생각된다.

지난 3·1독립운동 기념식장에 우리 사단법인 한국출산장려협회도 이날 정식으로 초청받아 참석하기도 했었는데 이번 기회에 이 단체를 좀 더 연구하여 우리 협회도 정식등재를 목표로 정하고 전심전력으로 뛰고 싶다.

20여 년간 이끌어온 우리 사단법인 한국출산장려협회를 통해서 진행하고 있는 출산장려운동의 이념과 사회봉사 시스템도 먼 훗날에는 당당히 유네스코 세계기록문화유산에 등재될 수 있다고 믿는다.

우리 한국출산장려협회의 사업본질은 비단 인구증가에만 치중하는 출산장려운동이 아니고 앞으로 더욱 발전시켜 결혼, 임신, 출산, 육아, 교육, 문화, 사회봉사 시스템을 포함한 정신운동을 추구함으로 더욱 갈망하는 바가 크다.

유네스코 세계기록문화유산에 등재시켜 우리나라가 현재 많은 후진국에 전파하여 국위를 선양하고 있는 새마을운동처럼 인류의 행복에 일조를 하게 하는 것이 필자필생筆者筆生의 소망이며 또 못 할 것도 없다고 생각된다.

여기에 더 나아가 출산장려재단을 창립하여 많은 재정을 확보하고 이 재정으로 인구부족과 육아정책의 빈곤으로 고민하는 나라들에게 지원할 계획을 가지고 있다.

이를 위해 UN의 산하기구로 가입하여 인구절벽으로 출산장려운동이 필요한 나라들에게 우리의 출산장려운동의 봉사정신과 시스템을 전파하는 데 충분한 재정적 뒷받침이 되게 할 생각이다.